テポドンを抱いた金正日

鈴木琢磨

文春新書

535

テポドンを抱いた金正日●目次

プロローグ――テポドンの朝

あの日、朝が早かったせいか、私はついうとうとして皇居を望む新聞社のソファで寝込んでしまった。夢をみた。

平壌《ピョンヤン》からひとりの使いがくる。

「記者先生、すぐ出発の準備をしてください」

で、あわてて旅装をととのえ、空路、北京経由で平壌に降り立つ。迎えのベンツに乗せられホテルへ。ひと息ついたところでまた使いがくる。

「すぐ出発の準備を」

こんどは夜行列車に乗せられ、日本海ぞいの地方都市へ。朝、豪華な大理石づくりの招待所へ出向くと、そこに例のジャンパーの男が立っている。

「私が金正日《キムジョンイル》です」

私はまじまじとその顔を見つめた。思いがけない日本のメディア初の単独会見となった。興奮を抑え、抑え、私はつとめて冷静に切り出した。

「お会いできて光栄です。あなたについてずいぶん調べました。インタビューにあたって、これほど勉強したことはありません。たっぷり聞かせていただきますよ」

彼は笑った。木蘭をあしらったふかふかの高級絨毯を踏みしめ、ぶ厚い扉が開き、天井の高い応接室へと招き入れられたとたん、はっと目が覚めた。

ついに！　でも、なぜ？　ディレクターからの電話でたたき起こされた私は自宅近くでタクシーをつかまえ、早朝の首都高速をひた走り、ＴＢＳのある赤坂へ急いでいた。

二〇〇六年七月五日未明、北朝鮮は弾道ミサイルを発射した。時刻は五時すぎ、高速を降りると、すでにネオンは消え、しらじらとした赤坂界隈に韓国人ホステスの群れはなく、コンビニに若者がたむろし、牛丼屋に朝ごはんをかきこむ姿があった。いつもの東京、なんにも変わらない。カーラジオからニュース速報が繰り返し流れているだけだった。

この日の朝、私はＴＢＳ系の情報番組「みのもんたの朝ズバッ！」にコメンテーターとして出演することになっていた。横田めぐみさんの夫だった金英男《キムヨンナム》さんが平壌で日本人記者団と会見するのにあわせ、拉致問題をめぐって解説を求められていた。それがミサイル発射で急きょ、時間を繰り上げ、できるだけ早くスタジオ入りしてほしい、といわれたのだった。

みのさんは、いつになくぴりぴりし、ミサイルの模型の並んだスタジオをうろうろしていた。そりゃ、そうだ。三時半すぎに一発目が発射されて、もう二時間半もたつのにミサイルの種類、どこに落ちたのかすらわからない。政府の発表がない。刻々と情報が入るものの、疑問はふくらむばかり。イライラはつのる。日本はなされるがまま、手をこまぬいているしかないのか。レギュラーコメンテーター陣もいたずらに不安を煽《あお》らないよう言葉を選びながら、可能な限りの分析、コメントを続けている。軍事ジャーナリストの恵谷治さんも駆けつけた。そして六時十八分、首相官邸会見場に緊張した面持ちの安倍晋三官房長官が現れ、政府声明を読み上げた。

「本日未明より複数回にわたり、北朝鮮から弾道ミサイルまたはなんらかの飛翔体が発射された。発射は極めて憂慮すべきものであると考えている。関係各国による事前の警告にもかかわらず強行したことは、わが国の安全保障や国際社会の平和と安定、大量破壊兵器の不拡散という観点から重大な問題で、船舶・航空機の航行の安全に関する国際法上問題で、日朝平壌宣言にあるミサイル発射モラトリアムにも反する疑いが強い。また、六カ国協議の共同声明とも相いれない。わが国として厳重に抗議し、遺憾の意を表明する……」

なんらかの飛翔体――。声明のなかにあったこの聞き慣れぬ言い回しで、金正日はテポドン2号を発射したんだ、と直感した。そして、いよいよ、大ごとになるな、とも。

そうこうするうち、取材団のひとりとして平壌の高麗ホテルに滞在中のTBS北京支局長、高橋一世さんと電話がつながった。高橋さんは窓から見える首都の朝を伝えた。案の定、いたってのんびりしたものである。ミサイル発射のニュースも流されていない。

コンビニも牛丼屋もない。渋滞もない。平壌駅前の目抜き通りを職場へと急ぐ市民たち。いつもの平壌だった。おそらく大同江《テドンガン》べりでは釣り糸を垂れる老人もいたはずである。三日後の七月八日は一九九四年に金日成《キムイルソン》が亡くなって十二年、仏事でいえば十三回忌、それなりの追悼ムードはあったにせよ、市民がミサイル発射など知るすべはない。知らないことこそが生きるすべだから、黙々と歩くしかない。

戦闘モードとはほど遠い、あっけないくらい穏やかな平壌リポートを聞きながら、この瞬間、金正日はほくそ笑んでいるにちがいないな、と思った。スカッド、ノドン、さらにテポドン2号……。朝鮮人民軍最高司令官としてミサイル発射命令をくだした彼は、あるいは平壌の地下深く、核シェルターも兼ねた「鉄峰閣」で、あるいは白頭山《ペクトゥサン》の山麓《さんろく》をくりぬいたトンネル内の最高司令部作戦室で、日本のテレビを傍受しながら、悦に入っているのではないか。ひょっとしてわれわれのこの番組も見ているかもしれない。

国際社会、それも最大の後ろ盾である中国、ロシアまでもが自制を求めてきたミサイル発射がもたらす孤立への道は、そのまま自滅への道である。賢明な選択とは考えられないが、それはあくまで外交の常識でとらえた場合である。だが、彼は彼でこの大きな賭けに勝算あり、と踏んでいたにちがいない。すぐさまテポドンは失敗だったとの情報が飛び込んできた。これで金正日のメンツはまるつぶれになった。これから先はますます不透明になる。ただ、私には、それでもひとつ確信めいた思いがあった。ああ、金正日の新たな神話が生まれようとしている――。

かくして長い一日がはじまった。

騒然とするTBSのスタジオをあとにして竹橋にある毎日新聞社に帰った私は、殺気立つ編集局の片隅で自販機のコーヒーをすすりながら、ふーっとため息をついた。

成田から直行便で飛べばわずか三時間ほど、東アジアの半島の、そのまた北半分のちっぽけな国、一九四八年九月九日に創建された朝鮮民主主義人民共和国を、賞味期限切れの社会主義を後生大事にし、二千万の人民をいまだに食べさせられない状態で父から引き継いだ金正日とは、そもそもなにものなのか。その素顔を知らずして、彼《か》の国は知りようがない。右へも左へも舵《かじ》を切れるのは彼ただひとりである。平壌ウオッチの難しさは、その希代の独裁者の、よくいえば奇想天外、悪くいえばでまかせの発想がまるで読めないからである。テポドン2号発射の真に意味するところなど、CIAですらつかめていないのではないか。それはまともな頭で考えようとするからであり、コンピューターで計算しようとするからである。金正日の国は神話の国なのである。徹頭徹尾、神話の国なのである。奇妙キテレツ、うそで塗り固めた。

彼とは古いつきあいである。一九七八年に大阪外大朝鮮語学科に入学したわれわれ新入生十五人は、それこそ手探り状態で朝鮮語を学んだ。振り返れば、あのころは北朝鮮が対韓国工作のため拉致に走ったピークだった。金日成から金正日へ、権力世襲の仕上げの時期でもあった。そんな秘密工作など察知できるわけもなく、私は岩波の「世界」に連載されていたT・K生の「韓国からの通信」を読んで民主化に揺れるソウルを思い、鶴橋駅前の本屋に並んでいた紙芝居のごとき金日成の英雄伝を読んで、あっけにとられていた。すでに「地上の楽園」の実態は明らかになりつつあったが、それでもまだソ連のあった時代である。そのうち、平壌の出版物に〈偉大なる首領金日成同志〉と並んで〈栄《は》えある党中央〉なる不思議な表現が散見されだした。金正日のコードネーム（暗号名）だった。

くだんの鶴橋の本屋から迷路のような路地を抜けると、のちに金正日が見そめ、妻とする高《コ》英姫《ヨンヒ》の生家跡がある。いまは更地になっているが、そのぽっかりと空いた土地が唯一、たしからしさをもって迫ってくる。あとは蜃気楼《しんきろう》である。思えば、建国のときから、すべては神話にまみれ、その神話の拡大再生産を繰り返し、いままた新たな神話づくりに着手している。その神話のなかにテポドンもある。いや、その神話づくりのため、金正日はテポドンを抱いているのかもしれないなあ……。そんなことを思ったりしているうち睡魔に襲われ、そして冒頭の夢となった。

新聞記者として、金正日インタビューを心から願っている。インタビュアーなら武者震いのする相手である。あれも聞きたい、これも聞きたい。なら、きたるべきその日のため万全の用意をしておかなければなるまい。彼の国の少年団員の合言葉よろしく「恒常準備《ハンサンジュンビ》！」である。段ボール箱にしまいこんでいた古い取材メモ、金正日伝のたぐいをごそごそ引っ張りだし、新たに豆満江《トマンガン》を渡ってきた内部文書を読み、いま描ける限りの人間・金正日をここに記してみた。ぶ厚い化粧の下に隠された素顔を。まだまだデッサンにすぎないかもしれない。でも、この本を読んだ彼がにがにがしく感じつつも、日本人にしてはおもしろいやつだ、ひとつ会ってみるか、と思ってくれたら幸いである。ああ、ひょっとして私は金正日のことを愛しているのかもしれない。その愛をもってして、彼の国の神話を解体する旅に出るとするか。

本書関連家系図

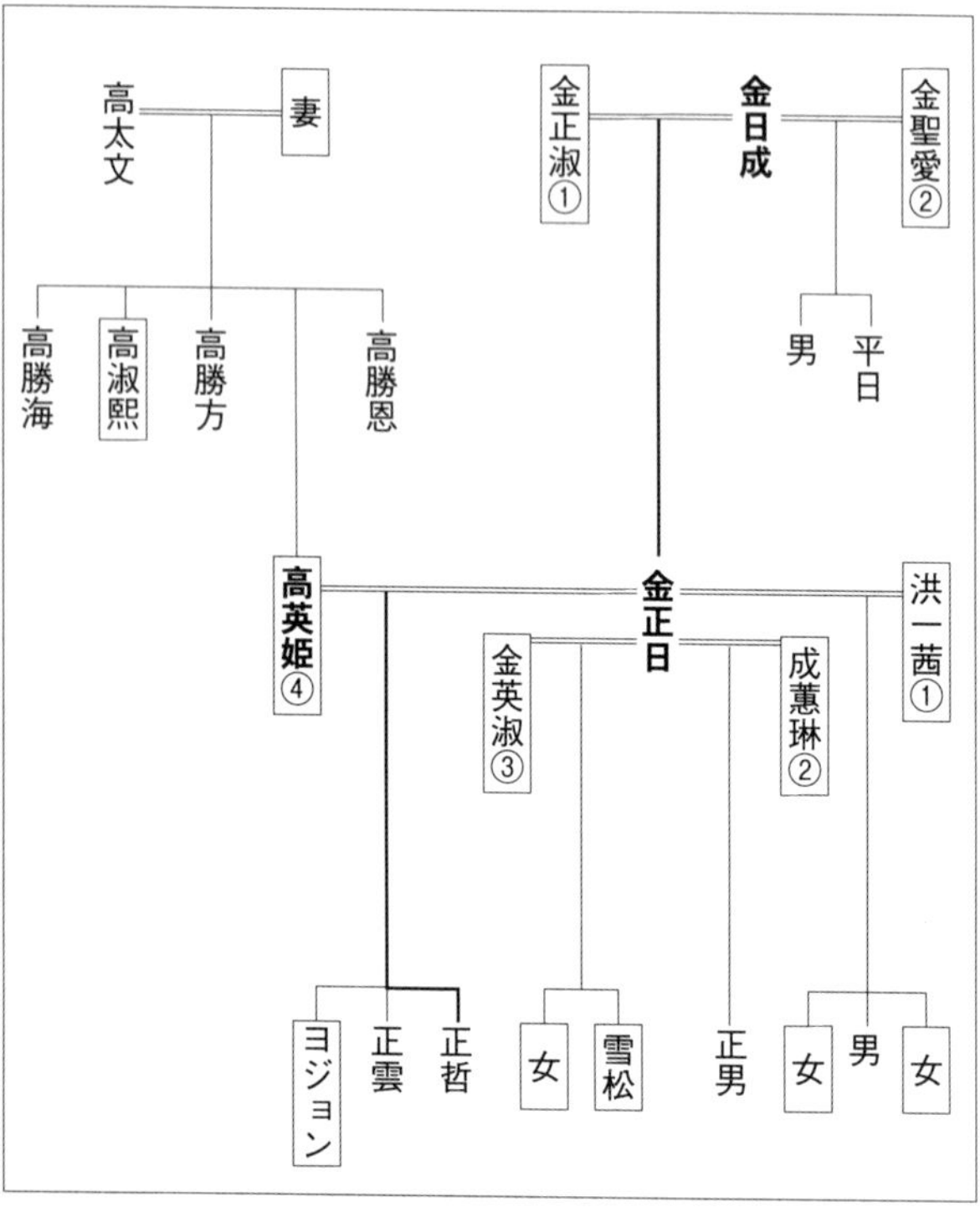

□＝女性
①〜④＝金日成、金正日の妻となった順番

第一章・肖像が消えた

平壌の奥深くに眠る、二枚の写真

ここに二枚の写真がある。どちらもすでに回収され、いまは平壌にある朝鮮労働党党歴史研究所の資料庫の奥深くに眠っているはずである。

一枚は平壌の万寿台《マンスデ》の丘に建ったばかりの金ピカの金日成像を背にして正面を見据える金正日、もう一枚はきちんと座っている金日成のかたわらで恭順のポーズをとる金正日――。

いずれも一九八〇年十月の朝鮮労働党第六回大会で、金正日が晴れて金日成の後継者としてデビューしたころ、満を持して発行された逸話集『未来をお育てになる偉大な愛』(金星青年出版社、一九八〇、一九八一年)シリーズの扉にあしらわれていた。金正日の偉人像を伝えるものである。お蔵入りの本当の理由はわからないが、あれほど気をつかっていたはずの父から息子への「世襲」のにおいがぷんぷん、な〜んだ、そうだったのか、と思われてもしかたのない絵柄である。せっかくフタをしてきたのが、これでは異臭がもれすぎである。台なしである。後継者に確定した安心感からか、つい気がゆるんでしまったのかもしれない。

読者は不思議に思われるだろう。たとえそうだとしても、わざわざ回収するほどのものか、と。しかも、いったん世に出回ったものじゃないか、と。そうではない。金正日が後継者になる、それが、いったい、どれほどの血なまぐさい歴史をへてきたものかを、これからこの本で

（上）金ピカの父の像を背にポーズをとる。（『未来をお育てになる偉大な愛』金星青年出版社、1980年）
（下）父の隣で恭順のポーズ。（『未来をお育てになる偉大な愛』金星青年出版社、1981年）

知っていただきたい。首領の跡とりとして生まれた金正日は若いころからわがままな暴君でありながら、いつも怯えていた。はたして後継者になれるのか、と。権力闘争が、すべてであった。ほんのちょっとしたことで、足をひっぱられかねない。疑心暗鬼が疑心暗鬼を生み、片っぱしから政敵は消した。写真はその勝利を高らかにうたうはずのものであるが、それでもなお、慎重の上にも慎重になったのである。政敵はまだ潜んでいるのである。私にはそれがよくわかる。

それにしても、この二枚の写真、じつに味わい深い。私がもし、北朝鮮とはどんな国ですか？　と問われたら、この二枚の写真をお見せする。それほど彼の国の本質がみごとに立ち現れている。私は平壌で出た写真集を買い集めては、飽くことなく眺めている。新聞記者がなにをヒマな、とおっしゃらんでいただきたい。たとえプロパガンダ写真であっても、じっと見つめることで、いつしか彼らの気持ちとシンクロしてきて、深層が読み解けるのである。

文章も同じ。彼の国の文章は、はっきり言って、なってない。やたらくどくど同じことを、やたら大仰な修飾語でまぶしている。事大主義である。それに憤らず、ぼんやり読むのがコツである。ほほー、どれどれ。李朝の文人のようにキセルをくわえて。すると、読めてくる。気の短いタイプは決して平壌ウオッチャーには向かない。万事、スロー、前近代派でないと。

「親の七光り」に照らされて

それはさておき、この二枚、おそらく一九七〇年代初めに撮影されたものである。万寿台の丘の写真（かなり修整がほどこされている）は、文字通り、親の七光り、あまりにわかりやすすぎる構図で、見ているこちらが照れてしまう。この高さ二十メートルの銅像、金日成が還暦を迎えた一九七二年に建てられた当初は全身、金色に塗られていた。いまは、さすがに金ピカの色は落とし、赤銅色に塗り替えられたが、このあっけらかんとして照れを知らない感性こそ、彼の真骨頂、後継者になるまで「党中央」のコードネームでわが身を隠匿し通していたのがウソのようである。せっかく回収した本を掘り起こしてきて申し訳ないが、貴重な写真である。

ちなみに、この金日成像の建つ万寿台の丘は植民地時代、平壌神社のあったところである。平壌観光協会編『柳京の話』（昭和十三年）には、こう説明されている。柳京とは平壌のことである。

　箕子林《きしりん》の松籟《しょうらい》と大同江辺の煙波に依り朝暉《ちょうき》夕陰猶《な》ほ古を語る真に幽邃《ゆうすい》清雅の神秘境この聖地に結構神々しく仰ぐ平壌神社は大正二年一月一日伊勢大神宮の御神霊を奉体し西京の氏神として鎮座ましく〵昭和十年　皇太子殿下御誕生紀念《（ママ）》として現在の神社を造営し昭和十二年五月国幣小社に昇格せらる。

歴史の皮肉を感じずにはいられない。今上天皇の誕生記念に建てられた神社の跡地に金日成の還暦祝いの銅像が建っている——。ひょっとしてあのばかでかい金日成像は、過去の日本による植民地支配の歴史をぎゅっとおしつぶすための漬物石なのかもしれない。実際、足を運んでみると、そこには朝鮮革命博物館があって、金日成の抗日パルチザン闘争を、これでもかというくらいデコレーションし、神話化したテーマパークになっていたのだった。

　そしてもう一枚、そろいの中山服でおさまった親子の写真はさらに貴重である。意外に思われるかもしれないが、金日成にしろ、金正日にしろ、写真館で撮るような写真は公開されていない。肖像画を描くための写真はあるだろうし、外国要人や軍部隊の視察のさいには記念写真におさまるが、どうしたわけか、一般に公開されるのはスナップ写真ばかりである。管見では亡命した金正日の元妻、成蕙琳《ソンヘリム》の姉、成蕙琅《ソンヘラン》の手記『北朝鮮はるかなり』（文春文庫、二〇〇三年）に収録された、金正日が息子の金正男《キムジョンナム》と撮った写真があるくらいである。ましてや金日成と金正日がすまし顔で並んで撮った記念写真など、これまで見たことがない。あるとすれば、あくまでそれらはプライベートな写真であって、家族を前面に押し出すのは革命家としてはふさわしくないのだろう。

　だとすれば、この写真、やはりうっかり出してはまずかったのである。おそらく、一九七二年、金日成が六十歳の還暦、金正日が三十歳のときのものではないかと思われる。金日成が最終的に息子に継がせよう、と腹の底で決めたころである。撮影日はなんらかの意味のある記念日であったにちがいない。正装であることからもそれはうかがえる。

「親子であって、親子でない」パフォーマンス

ところで、二〇〇四年の秋、突如、金正日の肖像画が一部で撤去された、とロシアのイタル・タス通信が報道した。平壌の人民文化宮殿で金日成の肖像画のみ掲げられていたことが目撃され、すわ、政変かと大騒ぎになったのだった。あるべき金正日の肖像画がなかったのである。朝鮮総連の機関紙「朝鮮新報」も平壌発で〈西側の報道は悪意に満ちた憶測〉と断じつつも、〈対外人士たちの集まる会議場や宴会場には首領さま〈金日成〉の肖像画だけを掲げるようになった〉と丁寧にも写真入りで、一部撤去の事実までは認めた。

ところがまもなく、朝鮮中央通信は全否定ととれる非難の論評を流した。〈(肖像画の撤去は)いかなる根拠もないでたらめであり、こうしたことは発生したこともなく、これからもありえない。この世論戦は米国をはじめとする敵対勢力たちが繰り広げている反共和国心理謀略戦の一環である〉。不可解な混乱が続いた。

ここには後継者問題がからんでいた。「朝鮮新報」も触れていたが、金正日の肖像画をめぐ

っては、平壌ではいまもひとつの逸話が語りつがれているらしい。金正日と無二の親友だった元外交部長、許錟《ホダム》との間で、こんなやりとりがあったというのである。許錟の著書『金正日偉人像』(朝鮮労働党出版社、一九九五年)や『敬愛する金正日同志は首領に対する忠誠心の最高亀鑑』(社会科学出版社、一九九九年)などにも出てくる。

それらによると、一九七四年二月十三日に朝鮮労働党中央委員会は人民の念願によって金正日の肖像画を家庭や事務室に掲げるようにする措置をとった。このとき、金正日は、あくまでも固辞した。首領さまの肖像画と一緒に戦士の肖像画を掲げてはならない、と。だが、肖像画は掲げられたのだった。翌一九七五年、外国訪問をおえて帰国した許錟を金正日はしかりとばす。「戦士がどうして肖像画なのか。すぐに回収しろ」。だが、許錟も応じない。肖像画問題は人民が決めることだ、と。そして金正日はこう言い放つのである。「もはや君は私と一緒に革命をすることはできない。党的処罰を受けなくてはならない」

いい逸話である。男の友情、彼ら好みの表現でいえば、革命的同志愛である。だが、額面通り、受け取ってはならない。その証拠に許錟は炭鉱送りになってはいない。たしかに金正日の肖像画は一時的に外されたことはあったが、それでもまた掲げられたのである。親子であって、親子でない、金日成=首領、金正日=戦士、このうるわしい関係をパルチザンの老闘士らにアピールするいわばパフォーマンスだったのである。本当に金正日が謙虚な人間ならば、そして権限があるならば、いまも自分の肖像画を掲げないようにすべきだし、愛する部下たち、人民たちを「処罰」し続けなければならないはずである。

二君に仕えぬ〝忠臣〟へのおもねりと警戒

そうまで断じてしまえば、金正日にはあまりにも気の毒かもしれない。彼はいくらかは謙遜の心を持ち合わせているかもしれない。それはたったひとつ、あのジャンパーである。いまなおジャンパーで通していることだけは明らかであるから、この逸話くらいは信じておきたい。『敬愛する金正日同志は首領に対する忠誠心の最高亀鑑』に載っているものである。

一九八四年の夏である。清津《チョンジン》で開かれた朝鮮労働党中央委員会第六期第九回全員会議がおわったあと、金正日は金日成に背広とネクタイをプレゼントする。金日成は詰め襟の中山服を愛用していた。だが、七十二歳になるまで父が「戦闘服」を脱げずにいたことは、戦士として罪が大きい、とわび、これからは背広を着てゆっくりしてほしい、その代り戦闘服は一生、自分が着る、と言った。その戦闘服がすなわちあのジャンパーだったというのである。実際はジャンパーといっても最高級品だから、これもまたパフォーマンスにはちがいないが、これだけはなぜか有言実行しているのである。

さて、二〇〇四年の肖像画撤去騒動、うやむやになってしまったが、私はあのとき、平壌で金日成をたたえなければならない、なんらかの事情があった、とみている。金日成が死んでちょうど十年目のできごとだった。すっかり金正日時代だと思ってしまっていたが、わずか十年前までは絶対権力者の金日成がいたのである。そのとりまきはすべて金正日と重なるわけでもない。金日成だからついていった、金日成にのみ仕えた、それこそ忠臣たちがおおぜいいたのである。忠臣二君に仕えず、である。ここに思いをはせなければ、不可解きわまりない平壌の動きは見えない。金正日は彼らを警戒し、注意を払っている。旧世代の再登用も目だつ。そういえば最近、平壌でいきなり、男性の頭髪を短くせよとのキャンペーンが展開されたが、金正日自身、もじゃもじゃヘアだから、これなども案外、旧世代へのおもねりかもしれない。ほんのちょっとした異変だが、水面下でなにかが起きている——。

第二章・先軍神話

後継への執念が〝大河ドラマ〟を生んだ

平壌はいま、明けても先軍、暮れても先軍である。

「このぶんだと、そのうち先軍ビール、先軍ラーメンなんてのもきっと出てきますよ」

平壌をよく知る在日ビジネスマンは冗談めかして言った。それほどまでに先軍であふれている。先軍政治、先軍思想、先軍文学、先軍音楽……、彼の国をおおいつくしているこの先軍なるキーワードを知らずして、統治者である金正日のことはわからない。すべてに軍が優先する、そうひとことで片づけてしまえなくはない。たしかに「軍事優先」と訳されてもいる。だが、それでは摩訶《まか》不思議な先軍なるものの深層、本質まではとうていのぞけない。騙される。

先軍は神話である。現在進行形の神話である。彼の国では二十一世紀のいま、それこそ国をあげて神話がつくられているのだ、とまずは想像を膨らませていただきたいのである。

金正日は念じている。そして祈ってもいる。わが金王朝の弥栄《いやさか》、なんとしてでも万景台《マンギョンデ》（金日成の生まれ故郷。本貫という本来のルーツは韓国の全州《チョンジュ》だが）の家門に引き継ぎたい、と。世襲である。北朝鮮のいうところの体制保証とは、つまりそうした王朝を認めてほしいということである。人民を教化するために神話をつくるのである。ブラックボックスだから、どうにでもなる。王朝に都合のいい玉手箱、それを見つけたのである。

いくら若くて美人で有能な秘書がいたところで、いくら毎日、高級な山人参のエキスを飲んだところで、金正日はあとどれくらい執務できるだろうか？　首領に人民が捧げてきた定番の言葉〈万寿無疆《むきょう》をお祈りいたします〉が、ここにきて〈健康をお祈りします〉に変わってしまったのはなぜだろうか？　彼は健康に不安がある。不老長寿を信じてか、還暦は青春だ、と意地を張ってはみせても明らかに老いてきた。ポスト金正日を別の家門に譲る？　それほどの度胸があるだろうか。ポスト金正日は集団指導体制に移行？　それほど民主的で開明した考えの持ち主だろうか。そうなれば、早晩、この六十年にわたって封印してきた秘密はすべて暴露され、一族郎党、着の身着のまま、国を追われる。いや、さらなる悲劇の最期が待っている。

ほかならぬ本人がそれを熟知している。後継者問題がいかにデリケートであるかを。平壌の『朝鮮語大辞典』（社会科学出版社、一九九二年）にはわざわざ【後継者問題】なる項目があって、〈わが国では後継者問題は輝かしく解決された〉と誇らしげに記されていたが、その改訂版（二〇〇四年）では、その項目ごとすっぽり抜け落ちた。悩ましいのである。金日成の息子に生まれた宿命を背負った彼の人生、その苦労はそこにあった。そもそも社会主義を標榜する国として、あってはならない世襲、ソ連や中国、東欧の失敗をみれば、それしか革命偉業の継承はできなかった、といまなお抗弁し続けている。だが、いくら理屈を並べたてたところで無理がある。アキレス腱であり、古傷である。どうぞ、そこには触れんでくださいな、と懇請ばかりしている。

金正日は猜疑心のかたまりとなり、神経をすり減らし、髪が薄くなり、酒におぼれた。同じ苦労をさせたくはない、と親なら思う。だから、急がねばならない。気を配らなければならない。後継の地ならしを。先軍は、その執念が生み出した神話、あるいは恐怖が生み出した神話であるといえる。神話という表現に抵抗があれば、もっと下世話に連続ドラマ、大河ドラマといってもいい。そのドラマ「先軍」の総合プロデューサーが金正日、その人なのである。

「タバクソル」は聖地となった

まずは、お抱え作家によって平壌で編まれたばかりの三巻で千三百ページにもおよぶ『金正日伝』（白峰社、二〇〇四―二〇〇六年、以下白峰社版『金正日伝』）をひもといてみる。奥付を見ると、著者は朝鮮・金正日伝編纂委員会、編集者はチュチェ思想国際研究所となっている。なぜか朝鮮語のオリジナル版は国外搬出禁止となっていて、日本語版のみが流布されている。平壌では言いにくいホンネ、あるいは過去の伝記と矛盾することなどを日本語版で表明しているともいえる。いずれにしろ、もっとも新しいこの金正日伝に描かれた未完のドラマ「先軍」の序章をかいつまんで――。

一九九五年一月一日の午前二時、金正日は全人民に送る親筆の書簡をしたためた。

〈血の涙のうちに一九九四年を送り新年を迎えました。偉大な首領さま〔金日成〕の戦士、偉大な首領さまの弟子らしく、わが国、わが祖国をより富強にするため、われらすべてが一心同体となって奮闘しましょう。一九九五・一・一　金正日〉

そして朝一番、ミイラとなった父の遺骸の横たわる錦繡山《クムスサン》記念宮殿に詣で、改めて孝行息子としての敬意を表し、その足で人民軍第二一四軍部隊へと急いだのだった。

凍《い》てつくような寒い日だった。その道は金日成が解放後、建国の第一歩として生まれ故郷の万景台に立ち寄らず、労働者の待つ降仙《カンソン》製鋼所へ向けて車を走らせた道だった。「万景台の分かれ道」。平壌の革命史跡になっているその道を通りすぎ、金正日は午前九時半、部隊の駐屯する小高い丘に到着する。すると、砲陣地は「万歳！」の歓声に包まれる。軍人から花束を贈られるや、金正日はほほ笑みをたたえ、答礼する。

「わが党に忠実な朝鮮人民軍将兵のみなさんを熱烈に祝賀します」

背の低い松の茂る陣地を眺めていた金正日はおもむろにこう言った。

「タバクソル（小松林）中隊だ。こういうところをタバクソル中隊というべきです」

その日の夕、党、国家、軍の幹部らに金正日は力をこめてこう言った。

「革命の基本は銃だ、人民軍さえ強力であれば恐れることはない」

(画報「朝鮮」2005年1月号)

このタバクソルでの金正日の力強い誓いゆえ、自主の旗、社会主義の旗を掲げ続ける祖国は帝国主義者の集中攻撃にさらされながらも守られ、戦争挑発を粉砕し、ひいては米国を屈服させるのである。そして前途洋々、強盛大国の道を歩んでいくのである。

かくしてタバクソルは聖地となった。先軍の聖地となったのである。そして、平壌はこのタバクソルで先軍時代の幕が開いた、と胸を張って世界へ向け宣伝し、人民を教化しはじめたのである。映像化すればそこそこのシーンになるかもしれないが、さほどドラマチックにも感じられない。地味である。いささか拍子抜けするのである。

屏風になった「先軍八景」

案の定、あとになって、この先軍の聖地、タバクソルが「先軍八景」として描かれたのである。雪におおわれ、松の木のかげから砲身が空へ伸びている絵の題は「タバクソル小哨の雪景」。よく見ると、画面の手前に朝鮮半島では吉鳥とされるカササギが三羽あしらわれ、まるで一幅の墨絵の世界である。いくら新時代の幕開けとはいえ、軍部隊の視察である。それがなぜ「先軍八景」と称して、あたかも中国の「瀟湘《しょうしょう》八景」や日本の「近江八景」みたいな名所感覚になるのか（ほかの七つは「白頭山の日の出」「鉄嶺《チョルリョン》のツツジ」「将子江《チャンジャガン》の不夜城」「ウルリム滝のこだま」「ハンドゥレ原の地平線」「大紅湍《テホンダン》のじゃがいも花畑」「泛雁里《ポムアンリ》の仙境」）。

どうもミリタリーな気分じゃない。それどころかカササギに象徴されるように、どこかしらめでたい感じにあふれているのである。タバクソルを起点として軍事路線をひた走り、ついには世界をも震撼させるテポドン発射へとつながるにしては、この絵（下絵にコンピュータグラフィックスを用いているらしい）を見るかぎり、むしろただただ新しい時代を迎えることほぎとしか受け取れない。私はいわくありげなこの「先軍八景」の「タバクソル小哨の雪景」を、神話の深い霧のなかから後継者を誕生させる舞台装置だと見ている。それゆえ金正日はわざわざ足を運んだのだ、と。

　これと前後して、にわかに不可解なキャンペーンが朝鮮人民軍内部ではじまった。「人民軍隊の中隊を強化しよう」とのスローガンが掲げられ、金正日の「お言葉」学習が集中的になされたのだった。〈中隊を政治思想的に強化することは人民軍隊の威力を強化するのに必須要求です〉〈中隊長と中隊政治指導員は心を合わせて、中隊の前に提起された課業を遂行しなければなりません〉。タバクソルは中隊であった。「中隊長同志」なる尊称で、後継者とみられる重要人物が呼ばれている、との情報も漏れ伝わってきたが、未確認である。

　それにしても一九九五年一月一日の金正日のタバクソル電撃視察は一九九四年七月八日に金日成が景勝地・妙香山《ミョヒャンサン》で急死してから半年もたっていない。早い、との印象がぬぐえない。あの慟哭《どうこく》の平壌、号泣の平壌で、うなだれ、憔悴《しょうすい》しきった表情を見せていた孝行息子は朝鮮の

「タバクソル小哨の雪景」(画報「朝鮮」2005年1月号)

伝統にのっとって三年の喪に服していると思われていたが、じっと宮廷の奥にとじこもってなどはいなかったのである。おそらく零下十度にはなっていただろう、雑煮をすることもなく、元旦からせっせと初仕事とは恐れ入る。よほどのことだったとしか考えられない。

偶然だが、彼がタバクソルで先軍の一歩を踏み出した直後、私はその平壌を訪れている。先軍のにおいなどなかった。北朝鮮を故郷にもつプロレスラーの力道山、その弟子であるアントニオ猪木による「平和のための平壌国際スポーツ文化祝典」なるイベントが開かれたのだった。私は取材団のひとりとして平壌にいた。金日成の肖像画の見下ろすメーデー・スタジアムのリングサイドで、資本主義生まれのプロの格闘技ショーを見ながら、苦笑を禁じ得なかった。不思議の国にまぎれ込んだ気はしたが、追悼ムードもさほどでなく、平壌は表面上、いたって平穏だった。

いま思えば、あのころ、ひそかに先軍神話のロケははじまっていたのである。主役も兼ねるプロデューサー、金正日は知恵をめぐらせ、シナリオにたっぷり手を入れ、自ら演じてみせたのだった。その舞台に選んだのがタバクソルだったのだろう。この事実は翌二日、金正日が第二一四軍部隊を視察した、とごく簡単に報道されただけであった。むろん彼の指示である。ずっと隠しておき、神話として熟成させ、その発表のタイミングを待っていたはずである。よく知られているように金正日は若いころから映画に並外れた関心を抱き、プロデューサー気取りであった。『映画芸術論』なる政治家らしからぬ著作まである。そう考えると、この先軍神話づくり、金日成死去の直後どころか、生存中にも練っていた可能性が高い。

煮えたぎる七年間

その金正日畢生《ひっせい》の大作になるであろう先軍神話は、タバクソル視察から数えて発表までじつに七年もの歳月がかかっている。ともかく冒頭のようなドラマが完成し、公表されたのは二〇〇二年になってからだった。とかく秘密主義である。たとえば、金正日が内部で後継者に選出されたのは一九七四年、彼が公の席に姿を現したのは一九八〇年、ここでも六年ものタイムラグがあった。その間に雑音を消したのだった。念入りに。

実際、先軍神話の発表までの七年、平壌では、それこそ粛清の嵐が吹き荒れ、密告につぐ密告、中枢にいる党や軍の幹部でさえ、あすはわが身か、と恐れおののく日々であったといわれている。半世紀にわたって彼の国を統治してきた金日成の突然の死はとてつもなく大きな権力の空白を生んだ。金正日への反抗、クーデター計画まであったかどうかは疑わしいが、むしろ金正日はこの機に徹底して反金正日派を根絶やしにし、後継者問題をスムースに運べるよう、あらゆる陰謀をめぐらせたとみていい。煮えたぎる七年間だったはずである。すべては宮廷の奥の院、金正日を中心とする「革命の首脳部」周辺のできごとである。

同じころ、人民は腹をすかせ、餓死者が百万人単位であふれ、浮浪児がさまよい、国境の豆満江を越え、中国への脱北者が後を絶たなかった。自然災害もあったにせよ、それは明らかに金正日の失政の結果であった。金正日にはそれは見えなかった。見ようとはしなかった。それどころか、かつて満州の地で抗日ゲリラ戦をしていた金日成の部隊が日本軍から逃れて雪中を百余日、行軍した故事に由来する「苦難の行軍」なる精神キャンペーンを張り、人民には悲劇のドラマを演じさせたのだった。

にわかに先軍の聖地となったタバクソルだが、そこはいかにも神話である。深いベールに包まれている。軍部隊だから、所在地を伏せているのは当然としても、おおよその見当すらつかない。ヒントは「万景台の分かれ道」である。平壌で取材したとき、わざわざ車から降ろされ、そのいわれを刻んだ石碑に案内されたことがある。いくつかの伝記を読めば、タバクソルはそこからあまり遠くない印象もある。あるいはダミーの軍部隊で、先軍の聖地、つまり平壌流テーマパークとしていつか公開するのではとも思われる。のちに防寒ジャンパーに毛皮帽姿の金正日が兵士から花束を受けとる写真が公開されたが、さえないロケーションだった。あたかも休眠中のゴルフ場のようで。なぜ、ここ？　なぜ、松？　どうもひっかかった。

そのタバクソルにこめられた秘密（それが核心部分なのだが）はのちほどゆっくり解き明かすとして、いまいちど先軍が神話として体裁を整えて出現するまでの流れをおさえておく。

神話にはキーワードが必要

この先軍なる聞き慣れぬキーワードが平壌の活字メディアに初めて登場したのは一九九八年四月二十五日、朝鮮人民軍創建六十六周年を記念した「労働新聞」の社説「わが革命武力は銃によって主体偉業を最後まで成し遂げるだろう」だった。金日成の急死ののち、メディアを通じて金正日の軍への圧倒的な傾斜はそれなりにうかがえはしたが、それを端的に言い表した言葉はなかった。あえて新しい言葉を生み出さなければならないかどうか、そこがはなはだ疑問なのだが、実態よりも、その新しい言葉にこそ、意味があると解釈すべきである。神話にはキーワードが必要なのである。フロントページを埋めつくした社説はこう言っている。

ここがタバクソル、先軍時代の幕開けだというが……。(『自主時代の偉大な太陽』勤労団体出版社、1997年)

革命は銃である。革命武力なくしては革命の勝利は達成できないし、勝利した革命も守り抜けない。そもそも首領さま〔金日成〕の思想と偉業を実現していく革命闘争は反革命勢力との深刻な闘争を伴う。力の対決で勝利する決定的担保は革命武力の不敗性にある。銃によって革命が開かれ、最後の勝利が達成できる、これが革命の原理であり、不変の公式である。

偉大な首領さまの先軍革命領導こそ、逆境を順境へと、災いを福へと転じさせ、百戦百勝のもっとも賢明で、先見の明ある領導である。こんにち偉大な首領さまの先軍革命領導の歴史は敬愛する最高司令官金正日同志によって輝かしく継承されている。

ここでは先軍なる言葉をお披露目しているだけである。注目すべき新語解説があったわけでもなく、平壌ウォッチャーのだれも気にとめなかった。先軍なる言葉の発表に時間がかかった理由を二〇〇〇年一月に金正日はこう言っている。

……初めは先軍政治という表現を使わなかった、初めは全党と全社会に革命的軍人精神に従って学ぶ雰囲気を確立し、三年が過ぎてから先軍政治だと言ったのです。もし、初めから先軍政治をすると言ったら「軍事独裁」「軍事政権」と言われたかもしれません。だが、これからはだれもそんな言葉を使うことはできなくなりました。先行したマルクス・レーニン主義理論には先軍という言葉自体ありません。先軍革命路線、先軍政治は私が初めて発表したものです。

(『主体革命偉業の偉大な領導者金正日同志2　偉大な政治家』朝鮮労働党出版社、二〇〇一年)

テポドンという祝砲

その先軍なるキーワードが登場してわずか四カ月後、一九九八年八月三十一日、中距離弾道ミサイル、テポドン1号がいきなり発射された。咸鏡北道《ハムギョンプクド》花台郡《ファデグン》舞水端里《ムスダンリ》のミサイル発射場から日本海に向けて撃たれたそのミサイルは、日本列島を飛び越え、三陸沖に着弾したのだった。

平壌はあくまで人工衛星と主張し、金正日の誕生神話にちなんだ「光明星1号」と命名し、ロケット部分はこれまた革命の聖地から「白頭山1号」と名付けられた。発射から四日後の九月四日、朝鮮中央テレビはどこかおどろおどろしい黒ぐろとしたテポドン発射の映像を流した。そして女性アナウンサーが興奮口調でこう報じた。

「わが国初の人工衛星が成功的に発射！　全国の人民が共和国創建五十周年を社会主義者の大祭典として意義深く迎えている感激的なこの時期に、わが国の科学者と技術者は多段式運搬ロケットによって初の人工衛星を軌道に乗せることに成功した。現在、人工衛星からは革命頌歌《しょうか》『金日成将軍の歌』と『金正日将軍の歌』のメロディーとともに『チュチェ朝鮮』のモールス信号が二十七メガヘルツで地球に送られてきている。わが国の科学者と技術者が一回の打ち上げで正確に軌道に乗せた運搬ロケットと人工衛星は、百パーセント自らの知恵と技術で開発されたものである」

振り返ってみれば、先軍神話の序章を彩るにふさわしいビッグイベントだった。いささかわきにそれるが、彼の国ではニュースに真実なし、フィクションに真実ありである。ニュースに現れない真実、あるいは微妙なニュアンスはのちに金正日のお墨付きをもらって小説のかたちで描かれるケースが多い。むろん潤色されているから要注意だが、一読の価値はある。

じつはこのテポドン1号について、表向き平壌は人工衛星だと抗弁していたが、金正日は大陸間弾道ミサイルの発射と受け止められるであろうと、はっきり認識していたのである。その証拠が金正日の業績をたたえる「不滅の嚮導《きょうどう》」シリーズの小説『銃身』（文学芸術出版社、二〇〇三年）である。書いたのはパク・ユン、金日成賞を受賞した軍人作家で、お抱え作家グループ「四・一五文学創作団」に所属している。そのクライマックス――。

金正日同志はおっしゃった。

「私の〈現代兵器〉はわが兵士だ！　わが兵士！　彼らは原子爆弾より強く、どんな特殊武器よりも威力がある。私は兵士たちのなかにいるときが一番幸せだ。心が満たされるのだ」

最高司令部作戦指揮者のユ・ジンソン将官は目の前がぱっと開ける感じがした。

「ところで、そんな現代武器よりも、トンム〔北朝鮮の言い方。同志よりも、君に近い〕たちが以前、国防委員会に提議していた人工衛星を打ち上げたらどうなんだ？　準備はできてるか？」

ユ・ジンソンは驚いた。

「はい、該当部門の活動家と科学者が万端の準備を整えております。すでに新型の最新式発射台まで完成しております」

「どれが打ち上げられる？」

「計画ではX号かXX号を発射するようになっています」

ユ・ジンソンの報告に金正日同志はしばし考え込み、いつものくせで腕組みをしていた。

「X号だ！　だが、それを打ち上げたら世界はとんでもなく騒乱するだろうな。われわれの人工衛星発射は平和目的だが、世界の軍事専門家たちの見地に立てば、大陸間弾道ミサイルの試射と変わらない。米帝国主義者はどれほど大騒ぎするだろうか！」

人工衛星「光明星１号」の記念切手。「テポドン１号」である。

金正日同志の目が光った。

「では、われわれがずっと準備をしてきて、首領さま〔金日成〕の勧告で保留していた1号を発射しよう」

「最高司令官同志〔金正日〕の命令通り執行いたします」

"目の上のたんこぶ"を神にまつりあげる

どうだろう。金正日の高笑いが聞こえてきそうではないか。だいたい、人工衛星の打ち上げなら、なぜ、国防委員会に提議しなければならないのか。ミサイルだからである。それもX号とXX号の二種類用意されていた。さらに、この小説が事実なら、金日成はテポドン発射の保留を勧告していたわけで、つまり父の意向を無視したということになる。そして、このテポドン1号発射発表の翌五日、平壌で日本の国会に相当する最高人民会議が開かれ、憲法が改正される。金正日の先軍神話に憲法がお墨付きを与えたのである。

「金日成憲法」とも称されるこの憲法、国防委員会ならびに委員長の地位と権限を国家の最高レベルに格上げし、軍重視の国家政治体制が打ち立てられたのである。予想を裏切って金正日は主席のポストにはつかず、いささか地味な印象の国防委員長の肩書でもって最高権力者となった。テポドンはその祝砲であった。憲法は厳かに宣言した。

〈朝鮮労働党の領導の下に偉大な首領金日成同志を共和国の永遠の主席として高く奉じていく〉。かくして「主席」は永久欠番となった。いかにも孝行息子の美徳を演出したかたちだが、それは金日成を最終的に神にまつりあげた宣言でもあった。はっきり言ってしまえば、目の上のたんこぶがなくなり、ついに金正日の思うままの時代になったのである。

むろんテポドンを打ち上げたとはいえ、国土の荒廃はどうしようもなかった。「労働新聞」(一九九九年四月二十二日)で金正日は殊勝なことを語ってはいる。

敵はわれわれが人工衛星を打ち上げるのに何億ドルも使ったというが、それは事実だ。私はそれを人民生活のほうに振り向けられたら、どんなにいいだろうかと思った。私は人民がちゃんと食べられず、他国のようにいい生活ができないのを知りながら、国家と民族の尊厳と運命を守り、明日の富強祖国のためにその部門に使うことを許可した。

飢えは続き、餓死者は後を絶たない。ミサイルで腹は膨れない。金正日はあらゆる予算を犠牲にして開発を進めたテポドン一発で人民に「強盛大国」の幻想を抱かせ、「苦難の行軍」に引き続いて「強行軍」なるキャンペーンまで張って、人民にさらなる究極の我慢を強いたのだった。ほしがりません、勝つまでは式に。ジャガイモ革命を思いつき、ジャガイモはコメと同じだ、と述べた。食卓はジャガイモ料理だらけになった。さらに先軍の定着化は進んでいく。

秀吉からテポドンへ!?

テポドン1号発射の翌年、一九九九年六月十六日、「労働新聞」と雑誌「勤労者」は共同論説「わが党の先軍政治は必勝不敗だ」を掲載する。金正日が党中央で事業を開始して三十五周年になるのを記念して発表された。「勤労者」は労働党の理論誌であり、ここに論文が掲載されたとなれば、先軍の理論武装はつつがなく完了したことを意味する。先軍時代は五年目に突入していた。そのなかにいささか毛色の変わった目を引く記述があった。

敬愛する将軍さま〈金正日〉は超人間的意志と精力で一九九四年八月からこの五月までで、十二万三百五十余里〈朝鮮の一里は日本の十分の一〉もの軍の現地指導におもむかれた。偉大な将軍さまの五年の革命実録は、雪の降る日も、雨の降る日も、変わることなく、数多くの軍部隊と工場、企業所、農村をお訪ねになり、わが国防力と全般的な国力をしっかりかためられた先軍革命領導の歴史である。その大きな労苦と心血をそそがれたため「苦難の行軍」のあらゆる試練が克服され、災いが福に転じたのである。先軍政治をしてわれわれは帝国主義強敵との対決で勝利し、強盛復興の新時代を迎えることができた。五年がすぎ、こんにちわれわれ人民たちは先軍政治の道を断固として選択したわが党の決心が千万回、正しかったということをより胸ふかく痛感している。

注目すべきは「革命実録」なる言葉である。朝鮮の歴史をかじったものなら、すぐぴんとくる。李朝時代の歴代王の事績を編年体でことこまかに記した『李朝実録』をもじっている。むろん比喩だが、先軍時代の五年の足跡を『李朝実録』ならぬ「革命実録」(「金王朝実録」?)に載せたというわけである。李朝実録は王の死後に編まれたものだったが、現代の将軍さまは気がせくらしい。そして、そこは素直すぎる民族ゆえ、将軍さまをたてまつりたいあまり、克服すべき封建時代を彷彿《ほうふつ》させる言葉をつい持ち出してしまったにちがいない。実際、朝鮮総連の内部資料として二巻本の『偉人実録　金正日将軍』(一九九七年、一九九九年)が出版されていて、これが詳細に金正日の活動日誌を載せているのにびっくりしたことがあった。

かと思えば、この先軍の解説のためには架空の韓国の政治学者、金哲佑なる人物までかり出されている。北朝鮮のよくやる手であって、彼の手になる『金正日先軍政治』(平壌・外国文出版社、二〇〇二年)は、つまらないプロパガンダ本ではある。ただ先軍の歴史的教訓にふれているところはおもしろい。

……一五八二年九月、李王朝の重臣李珥《リイ》が、十年後に日本の侵入が予想されるとして十万の兵力を養うよう、王に建議したことがある。王は、この太平の世に養兵とは何事だとして、耳を貸さなかった。ところが、それから十年たった一五九二年、日本軍が朝鮮侵略に乗り出したのである。二十万の日本兵は一か月足らずで朝鮮半島の大半を占領し、ここで朝鮮人の鼻や耳を切り取って塩漬けにし、豊臣秀吉に送り届けるなどという鬼畜のような殺戮《さつりく》行為をくりひろげた。十万養兵の建議を聞き届けていたら、こんなことにはならなかったであろうと、王はほぞをかんだが、後の祭りであった。

だから、先軍だといいたいのである。軍備を増強しなければといいたいのである。歴史が教え、諭しているではないか、と。ここにある李珥は「東方の聖人」と称された李朝の文臣、儒者である。号は栗谷《ユルゴク》。朝鮮人なら知らぬものはない。だが、いまの平壌に果たして李栗谷のような有能な重臣がいるのかどうか。イエスマンばかりではないのか。とにかくあの秀吉の文禄の役が時空を飛び超え、先軍神話となり、核兵器の開発、そしてテポドンにまでむすびついたということの発想、いやはや、いかにも強引すぎる。まあ、金正日好みではあるが。

「ポスト金正日」を愛せ

さて、これまでの先軍神話は、たとえ貧しくとも確固たる軍事力さえ備えていれば、国は安泰だ、革命的軍人精神をみならえば、食糧やエネルギーの不足などの苦難も乗り越えられ、そしてバラ色の強盛大国は実現する、そんな人民に安心と夢をもたせる教化のキーワードとしての色彩が強かった。いわば効能を縷々《るる》、説いてきたわけである。

だが、じつのところ、先軍神話は、その奥に真の意味を内包していたのである。いよいよ先軍神話の本性が露わとなってくる。繰り返しになるが、金正日のタバクソル視察からすでに七年たっている。二〇〇二年五月十六日、「労働新聞」は二面をつぶして「未来を愛せ」と題する情緒纏綿《てんめん》、意味深長な政論を掲載したのである。ここで初めて冒頭の白峰社版『金正日伝』にある神話の輪郭が示された。金日成、そしてその父、金亨稷《キムヒョンジク》までフル出演で。

……自分ができなければ息子がやり、息子ができなければ孫がやってでも、朝鮮民族が世界を見下ろさんばかりの偉大な国を建設していく――、そんな「志遠」の思いを抱きながら、金亨稷先生が歴史の黎明の第一歩を刻まれ、わが首領さま〔金日成〕が主体時代の新たな日を、と叫ばれながら革命の第一歩を踏み出された万景台……。

われらが将軍さま〔金正日〕はその万景台とともに輝く歴史の峰であるタバクソルの丘で、先軍の最初の足跡を刻まれた。そして先軍時代の荘厳な砲声のなかで偉大な歴史の継承の意志をとどろかせられたのである。

タバクソルの丘にあがられると、白頭山時代の一九四三年春、偉大な首領さまが抗日の女性英雄金正淑《キムジョンスク》同志〔金正日の母〕とともに小白水《ソベクス》の谷を歩きながら、朝鮮革命の将来について語られた意義深いお言葉が感慨深く響きわたった。「われわれの前にはいま、強盗のような日帝を粉砕して祖国解放を成し遂げ、ひいてはわが人民の望む社会主義を建設しなければならないという聖なる課題が提起されている。私は、父が言った通り、この聖なる課題を遂行できなければ、代を継いで息子がやり、息子が果たせなければ、孫の代になってもこの課題を遂行するようにしなければならない」

偉大な首領さまのあの日の崇高な意志をそのまま一身になって刻まれた敬愛する将軍さまのタバクソルの丘の足跡であるため、先軍はそれほど聖なるものであり、大いなる偉業なのである。

もはやだれも検証できない世界である。すなわち神話である。「聖なる」のリフレインがそれを物語っている。その神話を利用してどうするつもりなのか。どうしたいのか。先軍の意味するところ、この政論を読めば、もうおわかりだろう。ずばり、革命の継承である。金亨稷→金日成→金正日と三代にわたる万景台の家門、革命の伝統を絶やしてはいかん、との切実な叫びである。いみじくも、この政論のタイトルが示唆しているではないか。

未来を愛せ——。そう、金日成から金正日への世襲はむろん、その延長線上に金正日からつぎなる人物への世襲を強くにおわせているのである。ポスト金正日がだれなのか、いつ登場するのか、その全貌はつまびらかではないが、この政論ひとつもってしても、タバクソルにはじまる先軍神話を私は後継者問題をクリアするための壮大な連続ドラマ、大河ドラマだ、とにらんでいるわけである。テポドンはその神話を彩るのである。

ちなみに、この政論を執筆したひとりはソン・ミラン（宋美蘭？）なる「労働新聞」の有名な女性記者で、なぜかしら後継者問題をにおわせる署名記事には必ずといっていいほど、その名が登場する。日本の新聞でいえば編集委員、それも皇室担当の記者といったところか。要チェック記事が多く、いつも熟読させていただいている。この間、平壌の朝鮮中央テレビにも出演していた。ご活躍のようすである。

いまさら軍事優先だけでは、説明がつかない

ところで、べつだん私は先軍を神話としてのみとらえているわけではない。その字義通り、平壌は軍事力を背景にした外交を展開しようとしている。明白である。そのためにはあえて背伸びして見せるのが得策だとも考えているはずである。言葉の脅しである。先にも紹介した先

軍というキーワードが平壌の活字メディアに初めて登場した一九九八年四月二十五日の「労働新聞」の社説「わが革命武力は銃によって主体偉業を最後まで成し遂げるだろう」は、お得意の瀬戸際外交の告白までしている。なにも平壌ウォッチャーがしたり顔して出てこなくとも、ちゃんと自ら解説してくれている。押さえておくべきである。

わが党の先軍政治は帝国主義との政治外交対決でも決定的な勝利を担保する力のある政治である。外交はただ言葉と言葉、頭脳と頭脳の戦いではない。巧みな外交の背景には政治、軍事、経済の力がある。革命をおこなう党と人民が帝国主義との政治外交対決で堅持しなければならない立場は、いささかの譲歩もせず、革命の根本利益を固守する強硬な姿勢である。凶悪な帝国主義との外交戦では一歩の譲歩が百歩、千歩の譲歩をきたす。国際政治史をみれば、帝国主義の強圧に一歩後退したせいで神聖な自主権を侵害され、しまいには革命の獲物をそっくり奪われたことも少なくなかった。強硬な自主外交は望んでも実現できるものではない。熾烈《しれつ》な外交戦でいつも威力を発揮する最後のカードは、自らのしっかりとした政治軍事的潜在力であり、そこからにじみでてくる必勝の信念である。

だが、その先軍なるいかつい軍服の下には、めらめらとした金王朝の野望、世襲による千年王朝の願いが隠されていたのである。少し考えればわかるが、軍事優先路線は新しい発想ではない。建国以来、ずっとそうだったし、朝鮮戦争後も全国土の要塞化を進めていたのである。なにをいまさら、である。やはり先軍は、その文字に惑わされてはいけない。あの「先軍八景」の「タバクソル小哨の雪景」こそ、先軍の本質を物語っている。私はそう考えている。

ところで、先軍は朝鮮語で発音すれば「ソングン」である。美しい響きではない。学者の英知をかき集めて選んだにしてはいただけない。日本のようなオリジナル漢語づくりの伝統がないせいなのか。漢字全廃のツケなのか。いまやすっかり色あせた父、金日成時代のキーワード「主体(チュチェ)」は、その概念を新たに付与したにせよ、オリジナル漢語ではなかった。そもそも、その強烈なナショナリズムゆえ、漢語をせっせと朝鮮の固有語に言い換えてきたのに漢語だとやっぱり立派に見えるからか。ちなみにもとのかたちは「先軍後労」。朝鮮労働党が労働者階級の前衛党であるためには軍事力の支えがあってこその考えからとか。

祖父・金亨稷の「南山の青松」

ひとつ謎解きが残っていた。タバクソルの松である。ひょっとしてこれも先軍時代の幕開けをことほぐ、めでたい松竹梅からの連想かと考えたが、どうも違う。だが、松でなければならなかったのである。かつて朝鮮総連にいた古老と話していて、はっと気づいた。

「『南山の青松』を知っているか。金亨稷のつくった有名な詩があるんだが」

そう言って、懐かしそうに歌の一節を口ずさむのだった。金亨稷は平壌の万景台に生まれ、ミッション系の崇実学校を中退した民族運動家である。クリスチャンの家庭に育った康盤石《カンバンソク》と結婚し、二人の間に生まれたのが金日成（本名・金成柱）だった。『文学芸術事典』（社会科学出版社、一九七二年）によれば、金亨稷は独立運動組織「朝鮮国民会」の結成に参加し、投獄され、一九一八年に出獄したあと、獄中で構想した祖国解放の志を実現するため、後ろ髪をひかれる思いで万景台を後にする。そのとき書いた詩が「南山の青松」だった。南山は万景台のそばにある。メロディーもつけられ、広く歌われた。いまも歌われている。こんな詩である。

南山のあの青松が
雪霜に覆われ
千辛万苦を重ねてのち
陽春再び迎え蘇生するを
友よ、知っているか

国の独立なしえずば

生きて何をかせん
身が裂かれ粉になろうと
光復の道ひと筋屈せぬことを
同胞よ、信じてくれ

この身戦い倒れても
代を継いで戦いつづけ
三千里錦繡江山に　陽春訪れれば
独立万歳を　朝鮮よ、叫んでくれ

あの世からの「世を継いで」

金正日は祖父の「南山の青松」を知っている。よく知っている。白峰社版『金正日伝』は、解放直後、金日成が幼い息子の手をひいて万景峰に登りながらこの詩を吟じたと紹介している。先軍神話のプロデューサーである彼が視察した軍部隊で語ったとされる、あのせりふ「タバクソル（小松林）中隊だ。こういうところをタバクソル中隊というべきです」は、この「南山の青松」を念頭に置いていたと思われる。松のイメージが通底している。なんでもないようだが、こうしたこだわりは重要である。神話は人民を教化するための道具である。高尚ではいけない。大衆ドラマでなければならない。だれもが知っている歌を下敷きにしておくのは手っとり早い。わかりやすいからである。

　この金亨稷の詩はニセモノであるかもしれないが、その考証はこのさいおく。少なくとも現代の平壌では人口に膾炙《かいしゃ》している。ポイントは三番の「代を継いで」である。金日成から金正日への後継のときもそうだったが、後継者問題がクローズアップされるたび、この決めぜりふを言わせたいがために万景台の先祖代々の墓に眠っている金亨稷はひっぱりだされ、まるで恐山のイタコのごとく、代を継いで、代を継いで……、とあの世から声を送らされる始末である。おちおち永眠していられない。そういえば、金日成も永遠に主席をやらされている。彼の国は死んでからがまた大変なのである。死者の国なのである。

　タバクソルを皮切りに、金正日は精力的に軍部隊視察へ赴く。それも前線、最前線が主である。一二一一高地、三五一高地、大徳山《テドクサン》、五聖山《オソンサン》、鉄嶺、そして板門店《パンムンジョム》……。日本製カップラーメンやカラオケセットを積み込み、ときに自ら野戦ジープを運転し、兵士を慰労し、記念写真を撮った。なかでも五聖山にはとりわけご執心だった。詩にもなり、小説にもなった。地名に「聖」の文字があるためだと思われる。いかにも神話にふさわしい。

ぼんぼんなりのご機嫌うかがい

いよいよ二〇〇二年に先軍が神話化されるや、こんどは朝鮮人民軍功勲合唱団が「先軍長征の道」なる合唱組曲を発表し、その公演を金正日が盛んに観覧するようになる。そして平壌のメディアで流し続ける。それはそれはしつこいほど。メダルを胸いっぱいにつけた軍服姿の歌手が将軍さまの前線視察を、先軍の勝利を、歌い上げた。毛沢東の遠征になぞらえたのかもしれない。そういえば、「鉄砲から政権が生まれる」と言ったのもたしか毛沢東だった。だが、実際はそれほどおおげさな視察でもなかった。毛沢東を引き合いに出すことすらおこがましいかぎりである。要は兵士、あるいは人民を教化するパフォーマンスである。平壌でビデオになった「先軍長征の道」は、いかにも険しい山道をジープがのぼっていくシーンを繰り返し映し出していた。むろん金正日本人は映っていない。イメージビデオであった。

思えば、金正日は父、金日成のように抗日パルチザンとして日本と戦った経験も、朝鮮戦争でアメリカと戦った経験もない。幼少時の写真が物語っているが、中世の王朝さながらのロイヤルファミリーに生まれ、何不自由なく育ったぼんぼんは、たとえソ連につくりあげられた英雄であっても天性のカリスマ性を身にまとった父にかなうわけはなかった。兵士も人民もそれを知っている。だから、最後の砦である軍の支持を得るために腐心してきた。伝記では、金日成総合大学時代に参加した軍事野営訓練のシーンをこれでもかというくらい強調している。

その意味で金日成の死後、まずは軍部隊のご機嫌をうかがい、訪問するのはわかる。なにはさておきアピールしておかなければならなかった。その流れの延長線上にこの「先軍長征の道」もある。見わたせば、武器はメディアしかなかった。彼はコンプレックスを逆手にとって朝鮮労働党に入党後、組織指導部をへて宣伝煽動部に所属した。いわば若くして広告代理店に入社し、芸能界に顔を利かせてきたのである。のちに詳述するが、妻となる帰国者の高英姫は万寿台芸術団のトップスターであり、この先軍神話にはなくてはならない女優であった。いや、彼女こそ、先軍神話のシナリオを書いた張本人ではなかったか、とさえ思うのである。

第三章・大阪生まれのオモニム

美人舞姫

これまでテポドン発射へとつながっていく彼の国の先軍神話はじつのところ、後継者問題とリンクしている、と述べてきた。金日成の死後、ま新しい先軍の旗をはためかせ、金正日がタバクソルから前線へ、前線へと赴いたのは、その舞台の選び方、語られ方からして、後継者登場を強くにおわせるものであった、と。

その先軍神話の陰にひとりの女がいた。

大阪生まれの帰国者で、美人舞姫だった金正日の妻、高英姫である。金正日がプロデューサーなら、彼女は女優として、ドラマ「先軍」を演じたのだった。彼女はただの嫁さんではなかった。いまでこそ彼女はよく知られているが、彼女が平壌の中枢で絶大な力をもち、後継者問題のキーパーソンであることは私が初めて報じるまで、ほとんど注目されなかった。あってもそれはスキャンダルのたぐいであった。

毎日新聞に彼女の実力をうかがわせる記事（特集ワイド「深層リポート　金正日総書記夫人のパワー」二〇〇三年一月十五日夕刊）が掲載された直後、ひとりの在日の女性が私を訪ねてきた。朝鮮総連関係者だった。ロイヤルファミリーの秘密を暴いたから、ひょっとして金正日の逆鱗に触れ、クレームをつけにきたか、あるいはひそかに情報の出所をさぐりにきたか、とびくびくしていたが、穏やかに言うのだった。

「よく突き止めましたね。あの記事の通りです。私たちはみんな、とっくに知っていたことですよ。でも、うちの祖国の最大のタブーだから、おいそれと口にすることはできなくて。おわかりでしょ。ああ、またこれでもって、北朝鮮バッシング、総連叩きの材料にされるのかしらね。細かなことまではわからないけれど、彼女が奥さんになって、帰国者の待遇が改善されたとは聞いていますよ。すごく力があるんじゃないですか、彼女」

雲上人であるはずの高英姫を「彼女」と呼んだことがちょっと気になった。在日の複雑な思いがそこに感じられたからである。

北朝鮮現代史の研究は遅れている。それは彼らの秘密主義によって、あるいは徹底した情報管理によって吟味にあたいする一次資料がほとんど入手できなかったからである。ようやくワシントンやモスクワ、ベルリンで眠っていた重要な文献が見つかり、研究ははかどりつつあるものの、それらの資料はかなり過去のものに限定されている。同時代の内部資料はなかったに等しい。それが金日成の死後、具体的に言えば、二〇〇二年あたりから、大量の極秘資料が中朝国境の豆満江を越え、国外に持ち出された。私はいち早く、それらの資料に目を通す機会を得て、リポートを書いたのだった。

そのなかに驚くべき内部資料があった。スルメイカのようなにおいを放つ粗悪な馬糞紙《ばふんし》に刷られた十六ページつづりのその文書は、朝鮮人民軍の兵士に政治思想を教える講師のためのテキストだった。二〇〇二年八月に朝鮮人民軍出版社から出ていた。表紙に「偉大な金正日同志を首班とする革命の首脳部を命がけで死守しよう！」とあって、極秘であることを示すため「対内に限る」と刻印されていた。中央に長ながしいタイトルがついていた。「尊敬するオモニムは敬愛する最高司令官同志〔金正日〕に限りなく忠実な忠臣中の忠臣であられる」

かつては実母・金正淑の尊称だった

「オモニム」とは朝鮮語で母を意味する最上級の敬語である。日本語の「お母さま」「母上」にあたる。それに「尊敬する」まで冠している。これこそ、金正日の妻、高英姫を偶像化するキャンペーンのはじまりを告げる決定的な証拠であった。個人崇拝をむねとしてきた北朝鮮の歴史にあっても、首領の現夫人を称揚する宣伝を仕掛けることなどなかった。そして、その神話づくりの舞台裏をことこまかに明かした資料の出現など想像すらできなかった。彼の国にとって知られてはいけない最高機密である。私は知りすぎたのではないか？　怖くなった。

この内部資料では固有名詞は伏せられていたが、「尊敬するオモニム」が高英姫を指しているのは間違いなかった。じつは同じ尊称は、かつて金日成の妻で金正日の実母である金正淑にも使われた。一九七〇年代から一九八〇年代にかけ、金正日の後継問題の地固めのさいにもこ

金日成、金正淑夫婦と幼い金正日。(『鋼鉄の霊将』平壌・灯台社、1995年)

の尊称つきで金正淑が語られ、伝記も出版されていた。会寧《フェリョン》にある彼女の生家は万景台、白頭山と並んで聖地とされた。

金正日にはライバルがいた。金正淑と死別したあと、金日成が再婚した金聖愛《キムソンエ》の産んだ弟、金平日《キムピョンイル》であった。背も高く、金日成に似た風貌、腹違いのこの弟を金正日はしきりに警戒し、「キョッカジ(脇枝)」とのレッテルを張り、ヨーロッパの大使(ハンガリー、ブルガリア、フィンランド、ポーランド)として国外に送り、幽閉し続けている。彼は朝鮮人民軍大佐としての軍歴がある。これが気に入らなかったのである。

　平壌で「金平日」はタブーであり、彼の評価は知られていないが、私は日朝関係筋からいまも平壌で改革派である金平日の人気はある、と耳にしたことがある。「平壌には神が二人いる」。そんなうわさが立ったというのである。じつは金平日を支持するグループは在日商工人のなかにもあって、彼の金日成総合大学時代のエピソードや軍体験をまとめた冊子もつくられ、ヨーロッパの大使館まで出向き、面会を求めたこともあったらしい。また金平日夫人はヨーロッパ社交界ではちょとした有名人で、金日成の死後、追放された金聖愛の動向も含め、あなどれない存在である。むろん、金正日はそれを知っているからこそ、実母の金正淑を偶像化することによって、自身の後継者としての正当性を訴え続けてきたのであった。

お世継ぎを産み育てた忠臣

金正淑の礼賛は彼女の死後かなり時間が経過してからのことであり、神話はつくりほうだいであった。だが、高英姫は現夫人である。前代未聞のキャンペーンである。朝鮮人民軍のテキストにはこうあった。

……革命の領導者を忠実に奉じることは革命の運命、国と民族の運命にかかわるこのうえなく重大な問題です。二十一世紀の偉大な太陽であられる敬愛する最高司令官同志（金正日）を忠実に奉じるこんにちの先軍時代の忠臣隊伍の最前には、尊敬するオモニムが立っておられるのです。最高司令官同志を最も身近で補佐し、忠誠を尽くしてお仕えなさっておられる尊敬するオモニムは抗日戦のあのころ、父なる首領さま〔金日成〕を奉じ、わが革命の代をしっかり継ぐようになされた抗日の女性英雄金正淑同志とまったく同じ方、われわれみなが見習わねばならない忠臣の偉大な亀鑑〔模範〕であります。

高英姫。1973年に日本公演したときの記念の絵はがきの一枚である。

金正淑と高英姫をぴったり重ね合わせている。かつて抗日パルチザン時代、金日成にとって金正淑が忠臣であったごとく、いまの先軍時代、金正日にとって高英姫が忠臣中の忠臣だと言っているのである。目を引くのは「わが革命の代をしっかり継ぐようになされた」のくだりである。お世継ぎを産み育てたことが最大の忠臣だと読めるのである。そうだとするなら、高英姫もまた後継者の母だ、となる。朝鮮中央放送や「労働新聞」でにわかに金正淑称賛キャンペーンもはじまっていた。あえて二人のイメージをだぶらせようとしたのである。

力道山帰国工作

その高英姫は一九五三年六月十六日に大阪は鶴橋で生まれた。いまは焼き肉タウンとしてよく知られている鶴橋は、かつて猪《い》飼野《かいの》とよばれた朝鮮人の密集して居住するエリアのとば口だった。本名は高《コ》春幸《チュンヘン》。五人きょうだいの二番目で、のちに高英姫と名を変えた。

父は済州《チェジュ》島出身、柔道家をへて、大同山のリングネームでプロレスラーとして活躍した高《コ》太《テ》文《ムン》（日本式通名は高山洲弘《くにひろ》）である。同じ朝鮮人の大先輩、力道山に影響を受け、自らも力道山たらんとしたが夢敗れ、一九六一年五月、祖国に帰った。高英姫は七歳だった。新潟から帰国船に乗ったと思われるが、なぜか一切の記録がない。秘密ルートで帰国した可能性がある。国の威信を高めるため、オリンピックの柔道選手強化などの目的で呼ばれた、あるいは広告塔として力道山を帰国させようとしたのではないかともみられる。その帰国工作は功を奏さなかったが。

尊敬するオモニムキャンペーンに先立つこと十年前、朝鮮総連の月刊誌「祖国」（一九九三年十一月）には、この高太文の生涯をたたえるチャン・ビョルなる署名入りの伝記「祖国は忘れない」が唐突に掲載されていた。扉には柔道着姿で、びしっと腰に手を当て胸を張る高太文の写真が添えられ、彼がいかに日本社会の差別をはねのけてプロレスのスターとなったか、祖国に帰ってから、いかにしてスポーツ界で大きな貢献をなし、金日成、金正日の信任を得ていったかを描きだしている。この伝記によれば、帰国早々、金日成はもとより若き金正日とも会っているのである。

伝記のクライマックスは、死の床で娘の高英姫に遺言を託すシーン、一九八〇年七月である。

高太文トンムが不治の病で病床に伏していたある日、彼は子どもたちをみな集めたのだった。そして長女（高英姫）をそばに呼び寄せ、座らせた。自分の胸元に入っていた手帳を娘に取り出させ、そこに記してある詩「わが祖国」を読んでくれ、と頼んだのである。長女は静かにその詩を読みあげた。

……
祖国よ！
おまえはなにゆえに
そっとその名を呼べば
胸張り裂けんばかり　誇りであふれ

目は涙でにじんでしまうのか……

高太文トンム、そしてまわりにいた家族の目はぬれていた。本当に祖国とは、どうしてその言葉を口にするだけで、こうも胸の奥からこみあげてくるのだろうか、そんな切ない思いを抱きながら、詩を読む娘の声に高太文トンムの心臓も高鳴ってくるのだった。高太文トンムは、娘が読み終わったその詩をしたためた手帳を胸の上にのせ、思いをめぐらせている家族を見わたして、静かに、そして力をこめて、こう語りかけたのである。

「私はこの詩がほんとうに好きだ。祖国は偉大な首領さま〔金日成〕であり、親愛なる指導者同志〔金正日〕であるということを忘れることなく、しっかりとお二人を戴き、奉じていかなければならないぞ。それこそが真の愛国の道なのだ」

高太文トンムは、それだけ言うや、わずか数分後に息を引きとったのである。

たとえ架空だとしても、重要なのは臨終の席で娘の高英姫にスポットをあてている点である。儒教の国である。一家の大事は長男がしきる。高英姫には長兄がいる。それほど彼女がＶＩＰである証拠である。

祖国に帰った高英姫は一九七一年、平壌音楽舞踊大学を出て、万寿台芸術団に入り、舞踊組のトップスターとなる。在日出身では異例である。金正日が見そめたのだった。一九七三年七月から一カ月半におよぶ日本公演をへて、彼の妻となる。おそらく一九七九年に平壌の蒼光《チャングァン》山《サン》官邸に入り、金正日と暮らしはじめたとみられる。三人の子供をもうける。長男の正哲《ジョンチョル》（一九八一年九月二十五日生まれ）、二男の正雲《ジョンウン》（一九八三年一月八日生まれ）、長女のヨジョン（一九八七年九月二十六日生まれ）。あの成田空港で拘束された正男は前妻の子であって、高英姫との間では正哲を長男とみていい。三代目も世襲なら、この正哲がもっとも近い。

ダメ夫の尻を叩きまくる

さて、これも豆満江を渡ってきたものだが、朝鮮人民軍内部の講演テキスト「敬愛する最高司令官同志は信頼の政治で歴史のあらゆる試練に打ち勝ち、いつも勝利のみをとどろかせる絶世の偉人であられる」（朝鮮人民軍出版社、二〇〇二年九月）には、こんな記述がある。いかにも感慨深げである。

……事実、敬愛する最高司令官同志〔金正日〕にとって偉大な首領さま〔金日成〕の逝去後、この数年の歳月は真に困難な時期であった。尊敬するオモニムは最も困難なその時期を常に敬愛する最高司令官同志のもとで一緒に体験された。尊敬するオモニムは最高司令官同志が突然、父なる首領さまを失い、お慌てになった姿もじかにご覧になったし、たび重なる自然災害とひどくなるばかりの経済事情のせいで幹部らが悲鳴をあげ、あちこちに浮浪児が発生している、との報告を受けられ、眠られぬ夜もともにすごされた。尊敬するオモニムは、そうした日々、われらが最高司令官同志がこの難局を必ずや克服しなければならない、となんども自身に言い聞かせ、苦しいときには朝鮮人民軍功勲合唱団の歌から新たな力を得て、先軍の道を歩まれたのです、と述べられた。

どうだろうか、金正日が高英姫に頼り切っている姿が浮かんでくるではないか。国家存亡の危機、絶望の淵にあって、狼狽《ろうばい》するばかりの夫を叱り飛ばし、また元気づけるため軍楽隊コンサート会場に連れていく。済州島の女は働きものだが、でんと構え、ダメ夫の尻を叩いて、叩いて、叩きまくったのだろう。金日成急死の前後のドタバタも記している。

……そのとき、敬愛する最高司令官同志は偉大な首領さまの病状が危急だとの知らせを受けられ、首領さまがいらっしゃるところへ急いでおたちになられた。尊敬するオモニムはすぐさま最高司令官同志の身辺安全のためにいささか強引ともいえるほどの周到な対策を講じられた。事実、そのときはみなが当惑しきっていた状態で、だれもそうしたことまでは思いつきもしなかったのである。だが、尊敬するオモニムは複雑な状況のなかで悪いやつらがなにをしでかすかわからない、とおっしゃり、不測の状況を主導的に対処する名案を打ち立てられ、革命の首脳部をすべての面で擁護なさったのだった。

軍までも動かす

なんとしっかりした奥さんか、これでは金正日も頭が上がらない。核とミサイルで世界をあれだけ威嚇していながら、自身は気弱で嫁さんに守ってもらうとは。亭主関白どころでない、内弁慶ならぬ外弁慶である。細部は秘匿しているが、この通りなら、景勝地・妙香山で金日成が倒れるや、金正日はただちに平壌から現地に向かったことになる。これまで知られている事実は金正日はずっと平壌にいたことになっているのだが。それはともかく、あの金日成急死後のただならぬ事態のなか、高英姫の「名案」がいかなるものであったかはなかなか興味深い。私は身辺警護を理由に軍を動かしたのではないか、とみている。さらにこのテキストは高英姫と先軍神話について触れている。

尊敬するオモニムはそのときから八年もの歳月、身をもって護衛戦士となられ、歴史に類例なき偉大な先軍長征の道で、敬愛する最高司令官同志に従って、敵陣が目と鼻の先に望める最前線の高地の数々にものぼられたのである。五聖山にのぼられた日も、野戦ジープが身もだえながらよじのぼっていたが、千尋の谷に滑り落ちそうなくらい険しい道を先頭にたって最高司令官同志の身辺安全をお守りになったのだった。わが革命の最高司令部に尊敬するオモニムのような親衛戦士がおられるがゆえ、この数年の間、わが革命の首脳部を害しようとする敵どもの策動が極限点に達しても、最高司令官同志の身辺安全が守り抜かれたのである。われわれはこのことについてみなが知らなければならず、オモニムに最大の感謝をささげなくてはいけない。

仲むつまじく、二人三脚

もう、おわかりだろう。くだんの白峰社版『金正日伝』などに描かれた先軍神話ではオープンに語られはしなかったが、内部学習のレベルでは、先軍神話は金正日と高英姫、二人三脚の物語だったと明かしているのである。先軍長征の道、なかでも最前線の高地、五聖山をひとつのピークとして描いている。ほかにも仲むつまじいエピソードが盛り込まれ、慈悲深いやさしいお母さんのイメージ、国母としての定着をはかろうと躍起になっている。

極め付きの文書も入手した。朝鮮人民軍総政治局のつくった初級煽動家のための講習提綱(北の用語でレジュメの意味)である。タイトルは「先軍時代の要求にそって煽動事業をより力強く推し進めることについて」。二〇〇二年十月の発行である。〈この講習提綱を機密文書と同様に保管、取り扱うこと〉と特記され、機密度の高い文書だとわかる。それによれば、まず金正日の実母、金正淑を称賛するキャンペーンを張れ、とこと細かに指示をしたあと、こう書いているのである。

……つぎに敬愛する最高司令官同志〔金正日〕にたいする尊敬するオモニムの限りない忠実性の崇高な模範に見習う煽動事業に力をいれなければならない。煽動活動家たちは、尊敬するオモニムに関連した煽動事業を通じて軍人たちにオモニムがいかに敬愛する最高司令官同志を忠誠をもって高く奉じ、最高司令官同志に喜びと満足だけをさしあげておられるか、そして最高司令官同志の限りない愛と配慮がいかにわれわれ軍人にちゃんとゆきわたるように、といつも心血をそそがれ、苦労されておられるかについて深く認識させなければならない。

このキャンペーンにはかなりの時間をかけたのだろう。それはこの講習提綱で明かされている朝鮮人民軍総政治局作成の資料がすこぶる多いことでわかる。ありとあらゆるテキストを準備している。たとえば、オモニムの模範を記した本『金正日先軍政治と思想強軍』を読ませ、読書発表会を開け、とはっぱをかける。さらにオモニムをたたえる歌を普及させろ、とやかましい。それも隊列合唱や鑑賞発表会までおこなえ、と細かい。歌のラインナップは「兵士たちが一番うれしいとき」「親しいわがオモニム」「オモニムに恵まれる幸福を人民は歌うよ」「感謝の歌」「オモニムは兵士とともにおられるよ」「わがオモニ朝鮮のオモニ」……、たくさんある。一朝一夕でできるわざではない。「わがオモニ朝鮮のオモニ」はこんな歌である。

花のように咲き　星のように輝く
手をとって　導かれる
オモニ　オモニ
朝鮮のオモニ

白頭山のオモニム　そのお姿のまま
戦士を見守られ
将軍さまの安寧のため

千年も万年もお若くいらして

「千年も万年もお若く」――美人おばさんへの気遣い

抗日パルチザンよろしく金正日の護衛戦士を買ってでた高英姫にたいして「千年も万年もお若くいらして」と繰り返しているところがおもしろい。元舞姫への気遣いが感じられる。正直、こんな歌をうたって兵士はどう思うのか？　夫婦そろって現地指導にくるのを見て、よし、もうひとふんばりだ、と思うのだろうか？　あの美人のおばさん、万寿台の踊り子だったんだって、とうわさするにちがいない。週刊誌こそないが、口コミは発達している。ひとごとながら、心配になる。おそらくこの講習提綱は、これからも北朝鮮研究にとっては超一級の価値をもつだろう。なにせ神話づくりのカラクリをそのまま明かしてしまったのだから。こんなただし書きがある。いかにピリピリ神経をとがらせていたかがわかる。

尊敬するオモニムの忠実性の崇高な模範に見習うための煽動作業では、いかなる勝手な解釈も些少な自由主義的現象が絶対に現れないようにしなければならない。煽動活動家たちは尊敬するオモニムと関連した煽動事業について勝手なことをする傾向を徹底的になくし、総政治局が示した方向と内容にしたがって実施しなければならない。

金正日はファミリーを明らかにしてこなかった。それはなにも北朝鮮の伝統ではない。実際、金日成はおおらかだった。後妻の金聖愛をファーストレディーとして遇した。一九九四年六月の核危機のときにカーター元米大統領と金日成は平壌の大同江に浮かぶ船上で会談したが、そこに威風堂々たる金聖愛を同伴していた。だが、金正日は違う。二〇〇〇年六月、韓国の金大《キムデ》中《ジュン》大統領が夫人を伴って平壌に飛び実現した南北首脳会談の宴席でも、夫人の姿はなかった。宮廷の奥にかくまっていた。それがこの尊敬するオモニムキャンペーンで事実上、初めて妻を公表したわけである。

スパイに「無慈悲な鉄槌」を加える

問題は、どうして、この二〇〇二年夏の段階で、にわかに高英姫の存在を顕在化させ、あえて冒険ともいえるキャンペーンを張ったのかである。リスクをおかしてまで彼女をもり立てなければならなかったのは背に腹は代えられぬ事情があったとみるべきである。平壌のメディアには「白頭山の血統」「万景台の家門」などいわくありげな言葉がしきりに現れた。「ああ、セッピョラ（明星よ）」なる歌もできた。これは「金正日将軍の歌」と同じ重鎮の作曲家、ソル・ミョンスンの手になる歌であった。この年の二月十六日には金正日が六十歳の還暦を迎え、平壌ウォッチャーは後継者の発表が近い、と読んだが、空振りだった。異変はなかった。だが、異変、建国以来の大異変がおきていたのである。それをつかめなかったのである。この金正日の還暦はやはりきわめて大きな節目だったのである。尊敬するオモニムキャンペーンは相当の時間をかけてひそかに準備がされていた。私は十カ年計画だったとみている。金日成の生存中にとっくにシナリオはできていたと考えている。オモニムキャンペーンとタバクソルにはじまる先軍神話の公表が時を同じくしているのは偶然ではあるまい。軌を一にしている。むろんコントロールしているのは金正日である。あるいはその後継者もからんでいるかもしれない。ポスト金正日へ、その水面下での流れは二〇〇二年を境に激しくなっていたのである。

先に紹介した内部文書「敬愛する最高司令官同志は信頼の政治で歴史のあらゆる試練に打ち勝ち、いつも勝利のみをとどろかせる絶世の偉人であられる」にはさらに気になる記述があった。金日成の死後、平壌で大規模なスパイ事件があった、とわざわざ認めているのである。管見では唯一、この内部文書が触れている。

……いまだ世間には広く知られていないが、苦難の行軍、強行軍の時期、党内に潜入していた反党・反革命分子らは、わが党の革命陣地を崩し、革命隊伍の統一団結を破壊する目的でスパイ事件を企てた。やつらの策動で、長年、党と首領さま〔金日成〕を奉じてまじめに働いてきた一部の幹部らが無実の汚名をかぶせられ、それによって幸福だった家庭が崩壊し、夫と妻が別れ別れになり、親子は血の涙を流しながら、生き別れの目に遭う悲劇となった。だれが忠臣で、だれが奸臣だか区別がつかなかった。

だが、敬愛する最高司令官同志〔金正日〕は、そんなに内部に悪いやつらがいたのなら、こんなにも安心して仕事ができただろうかと疑問をもたれていた。そして、濡れ衣を着せられた同志について、それぞれ、こうおっしゃった。

「彼は敵を利する人間ではない。私はその資料を信じない」

「彼は昔から首領さまのそばで働いていた。いまも変わらずに党に忠実な人間だ。彼に汚名をかぶせるなど話にもならない」

「彼は私が育てた人間だ。彼が卑劣な行為をするなど完全な捏造《ねつぞう》だ。彼は私が保証する」

そして、最高司令官同志は反党・反革命分子に無慈悲な鉄槌《てっつい》を加えられ、濡れ衣を着せられてばらばらになっていた幹部や家族、親戚らは平壌に戻った。そして、喜びの集会が開かれ、捏造された文献資料を燃やしながら、おのおの演壇にあがり、偉大な将軍さま〔金正日〕でなかったら、われわれの運命はどうなっていただろうか、と声をかぎりに泣いたのだった。

このスパイ事件の回想をしているのが高英姫である。先軍神話の裏ですさまじい権力闘争があったことをうかがわせる。金正日はこの反党・反革命分子に「無慈悲な鉄槌」を加えたとある。処刑である。いまだベールに包まれてはいるが、おおがかりな粛清を断行したにちがいない。神話は血まみれであったのである。いずれ全貌は明かされようが、後継者をめぐってのこととも想像される。それにしても一度は粛清しておいて、調査し直すと、事実誤認と判明し、こんどはウソの報告をあげたグループを粛清したというのである。混乱している。いずれにしろ、反党・反革命分子の烙印《らくいん》は最終的には金正日しか押せない。何があったのだろうか。

そろいの灰色の防寒ジャンパーを着て

ところで、これまで紹介した内部文書で明らかなように先軍時代に入って、金正日に同行して頻繁に軍部隊を視察していた高英姫だが、その姿は確認できなかった。写真集には女性ものの傘をさしたり、カーディガンをはおったりしている金正日が写っていて、そばに夫人が寄り添っている気配はあった。だが、決定的な映像はなかった。なかばあきらめていたところ、二〇〇二年に金正日の還暦を記念して製作された記録映画「偉大な領導の輝ける歴史」を改めて詳しくチェックしたら、高英姫とおぼしき人物が映っていたのだった。うっかり見過ごしてしまうほどの、ほんのひとコマである（だから検閲を免れたのだろうが）。くだんの金正日のタバクソル視察に続き、最前線を視察する映像群のなかにそれはあった。

　薄暗い室内で軍人を前になにやら熱心に演説する金正日、その向かって右端にぽつんとひとり女性がたたずんでいる。パーマっけのある髪を後ろでたばね、金正日とそろいの灰色の防寒ジャンパーを着込んでいる。これは軍幹部ら随行者のみが着る、いわば側近の証しである。彼らは金正日の話に耳を傾け、ペンを走らせている。ところが、この女性だけは金正日と同じようにジャンパーのポケットに手を突っ込んだまま、メモもとらない。疲れているのか、やや所在なげな感じもする。そして、カメラを気にしてか、さっと顔をそらせたのである。私は高英姫の可能性が極めて高い、とにらんでいる。ついに出会えた、と思った。

　ブランドものの洋服を脱ぎ、男ものの武骨な防寒ジャンパーを着た高英姫、その姿を見て、私は彼女の思いがむき出しになっている、と感じた。ハダカになっている、と感じた。宮廷の奥で贅沢三昧をしていればよかったものを、ここまでの行動に駆り立てたものはなにか？　私は彼女の生い立ちにあるのではないかと想像している。金正日はロイヤルファミリーに生まれたが、彼女は大阪は鶴橋に生まれ、在日社会にもまれて幼少期を過ごした。貧しかった。親も苦労した。梁石日《ヤンソギル》さんの小説『血と骨』、それを崔洋一監督が映画にしたが、まさにあの修羅の世界で生きてきたのが高英姫だった。いまも彼女の生家の前に立てば、じりじり、そしてひりひりした在日社会の余熱がある。彼女はせっかく手に入れた幸せを手放したくなかったのだ

右端に高英姫らしき女性が……。（記録映画「偉大な領導の輝ける歴史」）

ろう。そして、わが愛する息子を三代目の首領にしたい、との夢をも——。

だが、思わぬどんでん返しがおきる。金正日・高英姫の二人三脚で先軍時代はスタートしたかに見えたが、この前代未聞の尊敬するオモニムキャンペーン、そう長くは続かなかったのである。ぷつんと途切れた。わずか二〇〇二年の夏から秋にかけて集中的に展開されただけだった。偶然なのか、このキャンペーンの最中、九月十七日には史上初の日朝首脳会談が平壌でおこなわれ、弁当を手に日帰り日程で乗り込んだ小泉純一郎首相と会談した金正日は、かたくなに否定していた日本人拉致をあっさり認め、謝罪したのである。首脳間で「日朝平壌宣言」が署名され、平壌は国交正常化のあかつきに莫大なジャパンマネーを得る約束手形を握った。だが、拉致を告白したとはいえ、そのあまりのむごたらしさ、回答の不誠実さに日本社会は一斉に反発した。それは金正日の予想をはるかに超えた。関係は冷えた。そして、高英姫はまた平壌の闇に消えたのである。いったい、どこへ行ったのか？

〝究極の銃〟だけを信じて

二〇〇三年に入るや、こんどは金正日の動静までしょっちゅう途切れだした。米ブッシュ大統領は北朝鮮をイラン、イラクと並んで「悪の枢軸」と呼び、あわただしくイラク戦争へと突入していった。圧倒的軍事力でバグダッドは陥落し、フセイン像は民衆によってあっけなく引き倒された。哀れにも穴蔵のなかに潜んでいたフセインはひきずりだされ、イラクは敗北した。金正日は恐れた。白頭山地下の最高司令部をはじめ、各地を転々としながら、息を殺して事態の推移を見守っていた。信じられるのは銃しかない、その究極の銃として核をもたねばならない、ミサイルを持たねばならない。急がねばならない。彼はそう考えたはずである。

二〇〇三年六月二十八日、朝鮮労働党中央軍事委員会で金正日は秘密演説をおこなっている。その演説録を入手した。ここで金正日はきわめて重要な演説をしている。彼はイラク戦争を分析し、その敗因を軍隊がカネの味を知って、祖国の運命より自己の利益を考え、人民の支持を得られなくなったからだ、と結論づけたのだった。核やミサイル開発を急ぎつつ、ここでは抗日パルチザン闘争時代に、手づくりの「延吉《ヨンギル》爆弾」を考案した、あの精神でやれ、とも言っている。戦時中の日本の竹やり精神である。だが、この演説で彼がひときわ語調を強めたのは、革命の首脳部がいかに危険にさらされているか、それへの警戒心であった。こんなことを並べたてている。

●米帝は専門的なテロ情報組織を使って、スパイ、テロ分子をわが国に浸透させ、革命の首脳部を害そうとしている。

●革命の首脳部に対する秘密を探知し、首脳部を中傷する流言飛語をふりまきながら、不純異質分子を買収し、革命の首脳部を害そうとしている。

●敵は党と国家、軍隊の重要幹部、彼らの子息、親戚、運転手にまで手を伸ばしている。

より具体的な「事件」にも触れている。

米帝は最高人民会議第十一期代議員選挙（二〇〇三年八月）に関連した報道がなされると、海外に出ていた一部公民が帰国するとみて、そのなかにスパイを紛れ込ませ、革命の首脳部を害そうと策動した。イラク戦争を通じて、傲慢になった米帝は「対話」や「会談」の裏で「第二の朝鮮戦争」をもくろみ、武力増強と戦争演習に狂奔している。米帝は「平和打令《タリョン》〔音頭〕」を歌いながら、その裏声で「戦争打令」を歌っている。

そして、金正日はこう締めくくる。

　戦争で決定的勝利を収めようとするなら、革命の首脳部を害そうとする敵どもの策動を適時に摘発、粉砕しなければなりません。

この秘密演説の翌日、金正日は平壌でくだんの朝鮮人民軍功勲合唱団による合唱組曲「先軍長征の道」を観覧したのである。そう、落ち込んでいたのである。かたわらに高英姫はいたのかどうか。合唱団は力のかぎり歌った。万歳！　万歳！　先軍領導、万万歳！　と。

金正男の母は神話化されなかった

二〇〇三年の秋、高英姫が平壌で交通事故に遭い、重体に陥ったとの説が流れた。不思議なことに、その少し前、「労働新聞」（七月二日）に、金正日が彼女の父、高太文を回想する記事が掲載されたのである。なんらかのシグナルだったのか。そして二〇〇四年五月二十二日、二度目の日朝首脳会談がおこなわれると、そのすぐあと、六月に高英姫死亡説がソウルからもたらされた。大阪で病気治療中だとのうわさも広まった。いまは日韓の情報機関とも高英姫が乳がんで死亡した、と断定している。フランスはパリの病院で亡くなり、その遺体は豪華な棺に入れられ、特別機で平壌に運ばれたとされる。すでに葬儀もすんだが、韓国政府は情報をつかみながら、南北関係に配慮して沈黙を通してきたといわれている。その決定的な証拠を私は持ち合わせていないが。

ここに「対内に限る」と刻印された幹部らが読む金正日伝『白頭山の息子』（朝鮮労働党出版社、二〇〇二、二〇〇三年）二巻がある。二〇〇二年の金正日の還暦を記念して幹部向けに編まれたもので、秘話を満載している。そこに三十一歳で亡くなった金正日の実母、金正淑の葬儀の模様が詳述されている。一九四九年九月二十二日のことである。

首都の広場や沿道は金正淑同志と永遠に別れるために集まった数十万の群衆であふれていた。同志の霊柩をのせた馬車は解放山《ヘバンサン》を曲がって、将軍さま〔金正日〕のおられる邸宅前で五分間、止まった。愛する家庭とお子さまたちとの最後のお別れだった。警護隊員が二十発の弔砲を撃った。霊柩馬車が再び動き出す。すると、将軍さまは走り寄ろうとしたが、親戚たちが抑えた。将軍さまは身もだえしながら、哀切な声で叫ばれたのだった。「オモニー（おかあさーん）」

その存在を完全にオープンにはしていない高英姫の場合、葬儀があったとすれば、それはごくごく身内だけで、秘密裏におこなわれたのはわかる。だが、一時的とはいえ、尊敬するオモニムキャンペーンを張って、偶像化を進めた、いわば国母である。金正淑ほどでなくとも、それなりに格式ある葬儀でなければ、あとあと神話づくりでつじつまがあわなくなる。だとすれば、そうした高英姫の死や葬儀にまつわる断片情報がいまなお漏れてこないというのは、どうしたことか。高英姫は生きているのではないか、とすら思えてくるのである。むしろ、キャンペーンの中止は、ほかにきわめて重大、かつ危急の問題が発生したからではなかったか。あるいは日本での報道に金正日が怒ったからか。謎は解けていない。

だが、問題は生死ではない。高英姫がたとえいったん表舞台から消えたとしても、だからといって後継者の構図は変わることはない、と私は見ている。それは高英姫のみがはっきりと尊敬するオモニムとして神話になったからである。父も神話化されている。神話化されなければ、人民に教化できない。つまりは後継者の母にはなれないのである。成田で拘束された金正男の母、成蕙琳はいちどたりとて神話化されなかった。平壌ウオッチは神話のウオッチなのである。

第四章・虚飾に汚れた白頭山

聖人降臨

金正日は、その出生を神話に包んだ。幾重にも幾重にも。いま、その梱包《こんぽう》をあけてみようとするが、どこか気が重い。なにもそこまでしなくとも……、だまし通せはしないのに……、ありのままの金正日では、彼の国の二代目はつとまらなかったのだろうか？

平壌で目にする金正日伝は、みな等しく次のように書く。一九四二年二月十六日、中国との国境にそびえる革命の聖地、白頭山密営で生まれた、と。父は抗日パルチザンの金日成、母は同じく女性抗日パルチザンの金正淑、二人の革命家の長男であった、と。そして、金正日を「白頭山の息子」、あるいは「パルチザンの息子」と呼ぶ。「金日成の息子」とはなかなか呼ぼうとはしない。

たとえば、手元に中学五年の教科書『偉大な領導者金正日元帥さまの革命歴史』（教育図書出版社、二〇〇三年）がある。これはれっきとした科目である。ある意味で、国語や算数よりも重要科目であり、ほとんど同じ内容が学年に応じて編まれ、繰り返し、繰り返し、文言を暗唱するまで叩き込まれる。この教科書での金正日誕生シーンはこうだ。

わが党とわが人民の偉大な領導者金正日元帥さまは一九四二年二月十六日、白頭山密営

（両江道《リャンガンド》三池淵郡《サムジヨングン》）で誕生された。偉大な領導者金正日元帥さまはつぎのようにお話しになった。

「白頭山は私の故郷です」

白頭山頂の将軍峰《チャングンボン》から南東へ数里のところに正日峰《ジョンイルボン》がそびえ立ち、そのふもとに美しいせせらぎの流れる小白水がある。その小白水の谷に白頭山密営はある。

白頭山密営は一九三六年九月に設営され、祖国が解放されるまで朝鮮革命の司令部があったところだ。敬愛する首領さま〔金日成〕は白頭山密営を中心として白頭山を根拠地に全般的朝鮮革命を領導されながら、祖国解放の大事変の準備を精力的におしすすめておられた。そうして、日帝侵略者たちを敗亡の窮地に追い込み、祖国解放の日を早めておられた。この激動の時期に偉大な将軍さま〔金正日〕は白頭山の息子としてお生まれになったのです。

偉大な領導者金正日元帥さまの誕生は、わが革命の瞭然たる未来を担保してくださる燦然たる日の出であり、民族の大きな慶事であった。抗日革命闘士たちは神聖な抗日大戦の炎のなかで白頭山の息子として誕生された偉大な将軍さまを「白頭光明星」とほめたたえた。それは民族の太陽であられる敬愛する首領さまの後を継いで、将来、朝鮮革命の未来の太陽になっていただきたい、との熱い心からであった。

白頭山密営を行き来していた通信員たちから偉大な将軍さまが誕生されたというニュース

を伝え聞いた各地の朝鮮人民革命軍小部隊やグループ、政治工作員たちは喜びと感激にあふれ、「白頭光明星万歳」の歓呼の声をあげた。そして、彼らは密営周辺と国内いたるところでひとかかえもある木に白頭光明星誕生を告げる文字を記した。

これだけではない。教科書には二月十六日について「歴史的な日の不思議な天気」と題するコラムまでご丁寧に載せている。

前日まで雪まじりの風が強く、気温はマイナス四十度前後だった。だが、その日だけは不思議にも風もおさまって晴れ、気温もあがった。小白水の清らかな水もさわやかな息吹を放ち、谷間に白い霜の花園をつくり、将帥峰（いまの正日峰）の頂からは銀白色の花吹雪がふりそそいだ。それは見るもまれな恍惚境だった。

ソ連生まれの「ユーラ」

さて、平壌ではこうしたまるで聖人降臨のごとき金正日の誕生がさまざまに描かれ、人民の各層にあわせ教化をしている。だが、じつのところ彼の出生地は革命の聖地、白頭山ではなく、革命の先達、ソ連はハバロフスク近郊にあるビャッツコエのキャンプだった（ウラジオストク近郊のボロシロフで生まれ、すぐにビャッツコエへ移ったとする説もある)。父の金日成は中国共産党の指導のもとで東北抗日聯軍の一部隊長として戦っていた。激しさを増す日本軍のパルチザン討伐を逃れるため、金日成は満州からソ連領内に入り、ソ連赤軍八八特別旅団に加わり、そこで軍事訓練を受けていたのだった。国内にとどまって日本と戦ったわけではなかった。

金日成は息子に「ユーラ」とロシア式の名前をつけた。二年後に二男も生まれ、その名前は「シューラ」であった。のちに平壌に戻ったシューラはソ連軍政の民政担当官の息子と金日成官邸の庭にある噴水台で遊んでいるとき、溺死した。金正日は亡くなった弟のことについてはなにも語っていない。さらに一九四六年に平壌で妹、金敬姫《キムギョンヒ》が生まれた。彼女はのちに事実上のナンバー2、朝鮮労働党組織指導部第一副部長にまでのぼりつめる張成沢《チャンソンテク》と大恋愛の末に結婚、権勢をふるう。いまも実力者である。

かねて不思議に思っているのだが、彼らは世襲というネポティズム(血縁主義)には細心の注意を払い、警戒しているわりに、きょうだいになるとなぜかオープンである。幼いころのツーショットの写真は公開されているし、朝鮮戦争のころ、兄が妹の手をひいて逃げたエピソードは美談として広く知られている。万寿台にある金日成の銅像には金正日と金敬姫の名前入りの花かごが並ぶ。彼女はふくよかで、父に風貌が似ている。ながらく軽工業部門を担当し、きょうだいそろって新築アパートの風呂場などを見て回っている映像を見たことがあるが、それはそれはじつに仲睦まじく、互いに慕っているさまがありありであった。金正日としては妻の高英姫以外でただひとり心を許せる相手である。

出生地を建設せよ

金正日は忠誠を誓った平壌のお抱え作家たちに命じ、自らの出生地をソ連のキャンプではなく、満州でもなく、祖国の白頭山にした。その気持ちはよくわかる。朝鮮半島でもっとも高い山、ほぼ年中、白い雪をいただくこの休火山、金日成が抗日パルチザン闘争を繰り広げたとされる舞台であり、なによりも古来精気のやどる霊峰とあがめられ、民族のシンボルとされてきたからである。韓国の国歌「愛国歌」にも白頭山は歌われている。神話にふさわしかった。

動機はわかるが、ウソはウソ。平壌の作家は悩んだ。ばれるのではないか、と。金正日の乳母だったという人物がいて、韓国の「中央日報」のインタビューに答えたことがあったが、それによると、一九八〇年代に平壌から特使がやってきて、金正日は白頭山生まれだ、と証言してほしい、と懇請したという。その後、この乳母なる人物は、乳を飲ませたのは金正日の弟だった、と発言を訂正している。

一九八〇年代後半になると、平壌は白頭山出生説を補強するため、新証言の発掘などはせず、新しい手を思いつく。既成事実の積み上げである。白頭山に丸太小屋を建て、その小屋を見下ろす峰を「正日峰」と命名し、巨大な花崗岩に赤い文字で「正日峰」と刻み、頂上に引き上げて斜面に張った。韓国に亡命した元朝鮮労働党書記の黄長燁《ファンジャンヨプ》さんは『金正日への宣戦布告』(文春文庫、二〇〇一年)で書いている。

金日成は抗日パルチザン出身者たちを呼んで、金正日が生まれた白頭山密営を探し出せと指示を与えた。かれらは白頭山を探し回ったが、もとからない密営地を探し出すことはできなかった。すると金日成は、「ぜひともわたしが探す」と言って直接出向き、景色も適当で位置もそれらしい場所に着いてここだと指摘した。そしてそのうしろの山を「正日峰」と名付けた。

金正日が生まれたとの神話がつくられた白頭山密営。(『鋼鉄の霊将』平壌・灯台社、1995年)

そして、突如として白頭山の原生林のなかで、パルチザンたちが木の皮をはいで記したという金正日の誕生を祝うスローガンが見つかる。たとえば〈朝鮮の未来の光白頭光明星〉などと。ありえない話でまったくもってあきれはてるが、こうした強引さは平壌にしばしば見られる。これについても黄長燁さんは書いている。

墨で書いた字が数十年もの間、雨風に耐えて保存されるなどはありえない話である。真っ赤な嘘だということはいうまでもない。おそらくパルチザン参加者たちが回想記を書いたときに、活動中にナイフで木の皮をはいで字を書いたことがあると記録したことにヒントを得て、でっち上げたものだとわたしは思う。

そうした「スローガンの木」がいたるところで数多く発見されたというのだから、嘘をつくにもほどがあると言わざるをえない。パルチザンは逮捕されないように神経を遣うのが当たり前だったのに、これではまるで、「スローガンの木」を書くことを専業にしてうろついていたようである。日帝時代に「スローガンの木」を発見した人間はただの一人もいなかった。

これは金日成、金正日の愚行を心から告発した文章だが、そこには同胞として恥入っている朝鮮の良心の顔がある。一九九七年に黄長燁さんは北京を経由して韓国に亡命したが、その直前、私は東京のホテルでお会いした。いかにも神経質で、インテリっぽい彼は眉間にしわをよせ、どこか苦悶《くもん》の表情であった。なによりも朝鮮総連のボディーガードが尋常ならざる数で目を光らせているのが気になった。いまは韓国で余生をすごしておられるが、このうそまみれの歴史がこれ以上、続くのは耐えられん、とおっしゃっている、と聞いている。

もうひとつの虚飾がある。金正日の生年は一九四二年ではなく、その前年、一九四一年であった可能性が高い。なぜ一年も、あるいは一年ばかりのズレにこだわったのか？

ここに一冊の金正日伝がある。金字で『嚮導の星』とタイトルが刻まれ、ビニールカバーで装丁がほどこされている。ぎこちなく右手をあげる若き金正日、写真のようでもあり、絵のようでもある。ぼやけた金正日は中山服を着て、胸に金日成バッジをつけている。なぜか奥付はないが、見返しと前書きに一九七六年二月とある。その通りだとすれば、もっとも古い金正日伝である。この一点しか現存しないと思われる幻の伝記である。ハングル表記法は韓国式で、「南

『嚮導の星』。現存する最古の金正日伝か？　1976年刊。なぜか金正日の生年が記されていない。

朝鮮」で出版されたスタイルをとっているが、その原稿は明らかに平壌で書かれ、印刷されている。対南工作用のテキスト、韓国の非合法地下組織、統一革命党と関係があるかもしれない。とある在日の古老が押し入れの奥深くにしまいこんでいたものである。

女優のサバ読みにあらず

この伝記は金正日が一九七四年二月十三日の朝鮮労働党中央委員会第五期第八回総会で政治委員に選出され、金日成の唯一の後継者に指名されて間もないころのものである。まだ厚いベールに包まれていた新しい指導者、だがすでに世襲による二代目との批判はあった。その後継の正当性をなんとしてでも人民に納得してもらわなければならない。それも日本や韓国にいるシンパへ向けてである。お抱え作家が時間をかけ、書き下ろしたのだろうが、記述には揺れが感じられる。あるいは試作品だったのかもしれない。伝記は「歴史の二月」のタイトルで、こうはじまっている。

白頭山、わが民族の伝説的英雄であられる金日成将軍さまが倭敵を打ち破られ抗日血戦のたいまつをたかだかとかかげる革命の聖山、ここで祖国光復の日を迎える準備が整いつつあった。英明であられる領導者金日成将軍さまが前人未踏の道を開拓されて、越えられた高く険しい山は、いかほどであるか、かきわけてこられた広野は幾千里であるか。同胞たちは将軍さまの領導にしたがってすべてをささげてきた。希望も青春も生命も、ただひとえに光り輝く民族再生の道、祖国光復のただひと筋のために！　……光復の朝、歴史の新しい春を迎える民族待望の日は刻一刻と近づいていた。そんな季節、革命の春の日、二月十六日に燦然たる嚮導の星であられ、英明な指導者であられる親愛なる金正日同志は民族の太陽であり、伝説的英雄であられる金日成将軍さまのご長男として、抗日戦の荘厳な炎のなかで、すべての民族の限りない祝福を受けられ、誕生された。

あの白頭山の丸太小屋は出てこない。あくまで白頭山で生まれたとの記述にとどめている。注目されるのは、伝記であれば記しておかねばならない生年が抜け落ちている点である。四百三十六ページもある本のどこを探してもない。落丁もない。世に伝記は星の数ほどあれ、生年を記さない伝記など、金正日のこの一冊くらいかもしれない。芸能人、それも女優のよくやる年齢のサバ読みではない。考えられるのは金日成もふくめた革命神話づくりが進行中で、その調節のために生年を保留にした。または一九四二年生まれにすれば、一九一二年生まれの金日成とはちょうど三十年の差となる。金日成が七十歳になれば、金正日は四十歳となり、二人の生誕日の節目をあわせることができ、祝賀行事がスムースに運ぶ。

これとからむ証言がある。ある在日商工人は、あのころの朝鮮大学校でのできごとをはっきり覚えていた。私のインタビューに彼はこう答えた。「一九八一年二月十六日に朝鮮大学校で金正日生誕四十周年を祝う学生集会が開かれたんです。いち早く忠誠心を発揮しようとね。でも、翌一九八二年に総連および諸団体で大々的に生誕四十周年の祝賀行事をおこなうように指示があり、結局、朝鮮大学校では二年連続して行事をおこなったんです」

朝鮮総連の「世襲」工作

朝鮮総連の元締めである朝鮮労働党統一戦線部副部長、姜周一《カンジュイル》の手記『嚮導の太陽は異国にも』(九月書房、一九九九年)にこんな記述がある。〈一九七五年八月、総連で指導者同志〔金正日〕の偉大性の宣伝をしたいと提起してきた問題を将軍さま〔金正日〕に話したことがありました。そのとき、親愛なる指導者同志は、総連ではどこまでも首領さま〔金日成〕に対する忠実性教育を強化しなければならない、とおっしゃり、その提議を受諾されなかった。その後もなんども提起したのですが、将軍さまは重ねて自身のことについて総連に知らさないようにされたのでした。われわれはどうしようもありませんでした。親愛なる指導者同志についてもっと知りたがっているのに彼らの要求にいつまでそっぽを向かれるというのでしょうか〉

心配御無用、金正日は彼らの要求にそう長くはそっぽを向きつづけなかった。むしろ、これは肖像画の件と同じく彼一流のポーズであって、すでに朝鮮総連ではじまった自身への学習を黙認し、さらに推し進めろとの屈折した指示であった。人民たちがそうまでいうなら仕方ない、これがいつものパターンである。金正日は在日社会に後継者として認定されることを強く望んでいた。また側近の姜周一にしてみれば、こうした朝鮮総連の意向を仲介することで、おぼえめでたくなるのである。金正日にとって、自由主義社会にいる在日を説得さえできれば世襲はクリアできたも同然と思っていたフシがある。

さて、いずれにしろ、その誕生神話に莫大なエネルギーを費やしたせいなのか（神話とはそういうものかもしれないが）、抗日パルチザンの息子にとって、もっとも重要なメモリアルデーであるはずの一九四五年八月十五日、解放の日を迎えた金正日の描写は淡泊である。あっさりしている。白峰社版『金正日伝』は書く。

一九四五年八月一五日、全朝鮮人民が渇望していた祖国解放はついに成就した。

同年一一月下旬、金正日は母（金正淑）とともに極東の訓練基地を後にし、懐かしい祖国へと向かった。解放された祖国へ船で戻る正日を真っ先に迎えてくれたのは灯台であった。

金正日総書記は、長い歳月が流れた後もそのときの感激が忘れられず、「強盗日本帝国主義をうちやぶり、たまらなく懐かしかった祖国へ帰るわたしたちを明るく照らして迎えてくれたあの灯台を、わたしは永遠に忘れることはできない」と回顧している。

夜が明けて船が先鋒港《ソンボン》に近づくと、一行はわっと歓声をあげた。

「祖国だ！　祖国が見える！」

だが、八月十五日、金正日はどこでどうしていたのか、のちの回想もふくめてぽっかり空白のままになっている。さすがに描けないのである。いくら想像力のたくましいお抱え作家であっても。むろん金正日はまだ三歳、記憶などあるわけがない。だが、三歳の彼はすぐに驚異の記憶力を取り戻す。これがおかしい。都合がいいと、記憶がよみがえるのである。

祖国に帰った翌年一九四六年元旦、金正日は両親につれられて金日成の生家である万景台を訪れ、曾祖父に会う。このあたりから白峰社版『金正日伝』の筆が走る。創作意欲に火がつく。曾祖父が硯《すずり》を取り出し、金正日に尋ねる。「おじいさんは国をとりもどす大きな志を抱くという意味で『志遠』と書き、お父さんは『朝鮮独立』と書いた、お前は何を書くのか」。金正日は「金日成将軍万歳！」と書いた。曾祖父は「さすが万景台の血統を継いでいる」と大満悦だったと記しているのである。そして、秋、母は息子をつれ、万景峰にのぼり、こう言い聞かせる。「万景台の革命的家系は南山の青松のように、代々愛国的かつ革命的な精神を守りつづけてきた。まさにこれが万景台家の誇りだ」。また、別の年、金日成も息子と万景峰にのぼり、金日成の父、金亨稷がつくった「南山の青松」を吟じたと書いている。そう、くだんの先軍時代の幕開けの地、タバクソル（小松林中隊）で連想した、あの松である。すべてがつながった。もはや否定のしようがない。「松」は革命の継承、つまり後継者問題の暗喩として用いられているのである。白峰社版『金正日伝』はさまざまな逸話を盛り込んではいるが、伝えたいメッセージはこれに尽きる。『金正日伝』の日本語版が流布されているのは、日本を意識しての後継者問題の地ならし工作ともみられる。

それにしても、である。いくら金王朝のため、神話づくりのためであるとはいえ、歴史の捏造を平然と繰り返し、その罪の意識すらマヒしてしまっている。その半面、日本の歴史認識にはとやかく口を出す。理解に苦しむ。こんな例もある。北朝鮮の著名な詩人に趙基《チョギ》天《チョン》がいる。彼の代表作は長編叙事詩「白頭山」である。解放の喜びをうたって、その詩は平壌でいまも愛唱されているが、これすらも改竄《かいざん》されてしまった。もとの詩が知りたくて、ボロボロになった詩集を手に入れた。背

ボロボロになった1955年刊の『趙基天選集』。解放軍として「ソ連」の文字もあったのだが……。

を幾重にもテープで補強してある。一九五五年に平壌で出た『趙基天選集』(朝鮮作家同盟出版社)である。在日の研究者が秘蔵していた。真っ赤な表紙に詩人の近影があしらわれている。こんな装丁は現在の平壌では許されない。金日成ファミリーの肖像画しかない。あってはならないのである。詩の冒頭にこうある。〈この詩篇を英雄的な解放軍のソ連軍隊にささげます〉。いま、その一節は切り取られ、詩のなかの「ソ連」の文字も削られてしまったのである。

解放を〝盗む〟やつら

金正日にぜひとも味読していただきたい文章がある。韓国の咸錫憲《ハムソクホン》さんの書いた『苦難の韓国民衆史』(新教出版社、一九八〇年)である。もとは一九六二年にソウルの一宇社から出た本である。民衆運動家で宗教家の翁は率直にこう述べている。

われわれがまず明らかにしなければならないことは、この解放が盗っ人のように不意に訪れたということだ。解放後の腹立たしいこと、醜いざまは一つや二つではないが、その中でもほんとうに腹立たしいのは、この解放を盗もうとするやつらの多いことだ。彼らは、自分たちだけはこのことを早くからわかっていたと宣伝する。それは彼らがこの盗っ人のようにやってきた解放を、さも自分が送りこんだようにして盗もうとするためである。それは嘘だ。

もしも彼らがあらかじめわかっていたなら、それほど先見の明があったなら、どうして八月十四日までへりくだって服従していたのか。その時一言でも予告して民衆を慰め、勇気をひきしめさせていたなら、いまになってことさら宣伝しなくても民衆は指導者としてお迎えしたことだろう。

そういうことはやめて素直になろう。君も僕もみな知らなかったのだ。みんな眠っていたのだ。神社参拝をしろといわれれば腰が折れんばかりに拝み、姓を改めろといわれると競い合って改め、時局講演といえばありったけの才能を傾けて語り、米・英を罵倒し、転向しろといわれれば実にアッサリ転向し、よくみられようと聖書も直し、教会も売り、信用が得られるとなると四つん這いになり、犬の鳴き声もしてみせた。この国の志士・思想家・宗教家・教育者・知識人・文人に、また海外流浪何十年と格好はよいが、その実、互いに博士派、先生派、なになに系・なになに団と、ハワイやサンフランシスコではアメリカ人の召使いをしながら勢力争いをし、重慶・南京ではとうもろこし粥をもらって食いながら地位争いをしていた人たちが、なにをあらかじめわかっていたというのか。思想はなんの思想で、政治はなんの政治運動をしたというのか。この国が解放されるとあらかじめわかっていた人など一人もいないのだ。

私はこれを学生時代に読んで、心から尊敬した。きっかけはどうあれ、朝鮮、韓国の世界にわけ入った日本人は、すぐに気づく。そして、いやになる。インチキがはびこっているからである。なにも難しい歴史うんぬんではない。生活のあらゆる場面でわがまま、身勝手、自己正義の絶対化がいちじるしい。もうついていけない、となんど思ったことか。歴史を塗り替えるのもおちゃのこさいさいなのだな、とあきれもした。だが、咸錫憲さんの文に救われた。いまもそうである。

第五章 粛清、粛清、また粛清……

〝鋼鉄の霊将〟、すこぶる傾倒

かつて平壌の目抜き通りを「スターリン通り」といった。いまはない。「栄光通り」などに変わった。いや、平壌にソ連のにおいをかぐことは難しい。私などせいぜい火事で焼けた旧大同江ホテルのバーにロシア文字を見つけたくらいだった。それはスターリン批判ののち、世界の目を気にしてごまかしているからであるが、いまもなお平壌はスターリンに深謝し、慕っている。少なくとも金正日は。

金正日について、あるいは彼の父の金日成について考えるとき、スターリンを抜きにしては考えられない。正直に言って、あまりの類似に笑ってしまうくらいである。ユーリイ・ボーレフ著、亀山郁夫訳『スターリンという神話』(岩波書店、一九九七年)は、平壌を研究するうえで示唆に富んだ本だが、そこにこんなアネクドート(一口噺)で暴く暴君のプロフィールがある。たとえば——。

「同志スターリン、N市に、あなたととてもよく似た男がおります。髪型といい、背丈といい、口ひげといい、まったく瓜二つです」

「粛清したまえ!」

「ひょっとして、ひげを剃らせるだけでよいのでは？」
「それでもよかろう」

あるいはまた――。

老人たちがプラカードを携えてデモしている。「スターリン同志、私たちの幸せな幼年時代をありがとう！」。
「なんというプラカードを持っているんだ？　おまえたちが子どもの頃は、スターリンはまだ生まれていないいじゃないか！」
「だから、ありがとう、って書いたんです」

いまはいくら耳をすましても聞こえてこないが、息をひそめて暮らす北朝鮮の人民の腸《はらわた》にたまりにたまった思いも、いつかこうしたアネクドートを生むだろう。二十世紀最悪の独裁者、冷酷非道な粛清の暴君として知られるスターリンは、まぎれもなく北朝鮮の生みの親であり、朝鮮戦争にゴーサインを出した後見人である。そのスターリンに金日成はすこぶる傾倒したが、金正日もまたなみなみならぬ傾倒をしているのではないか、と私は見ている。

スターリンの本名はジュガシヴィリ。スターリンは、もともとペンネームで「鋼鉄の人」という意味である。金正日もまた「鋼鉄の霊将」と呼ばれるのを好んでいる。同名タイトルの豪華写真集が一九九五年に平壌・灯台社から出版されているが、そのひとつをとってみてもわかる。ニジマスをコーカサスから空輸させていたスターリン、マグロのトロを築地から取り寄せていた金正日――、さて二人の接点はどこにあったのだろうか。

スターリン批判始まる

一九五六年、金正日がまだ十四歳、中学生のころである。幹部向けの金正日伝『白頭山の息子』に興味深い記述があった。タイトルは「峻厳な年に」。〈わが党の歴史にじつに大きく輝かしい足跡を刻まれた〉ではじまるその項目は十一ページにもわたって一九五六年の重大事件を克明に描いている。スターリン批判の風潮を背景に金日成の追い落としをはかり、失敗した「八月宗派事件」に、なんと若き（それにしても若すぎるが）金正日が顔をのぞかせていたのである。主導すらしていたというのである。

平壌の一番恐れていること、つつかれたくないこと、それは個人崇拝、そしてその世襲についてである。くれぐれもそのポイントを押さえながら読んでいただきたい。平壌一流のプロパガンダにまぶされていても、粛清の内幕が公開されるのは極めて珍しい。しかもこれほど生々しいのは。平壌ではスターリンの名前すら見つけるのに苦労するというのに、ここではスターリン、スターリンである。「対内に限る」と刻印されているゆえんである。以下、いささか引用が長くなるが、お許し願いたい。

二月中旬、将軍さま〔金正日〕は衝撃的なニュースに接しられた。ソ連共産党第二十回大会に関連した通信だった。二月十四日に開幕したソ連共産党第二十回大会はスターリン死後、初の党大会で、党第一書記、フルシチョフは、われわれの代表団のみをモスクワ市党会議室に別途集め、秘密報告をした。七時間におよぶ長文の報告は最初から「個人崇拝」に反対との美名の下、スターリンを中傷する内容で一貫していた。将軍さまはただちに偉大な首領さま〔金日成〕に報告され、首領さまとこの問題について話された。

偉大な首領さまは即座に現代修正主義者であるフルシチョフについて、革命の醜悪な変節者、背信者との烙印をおされ、スターリンのなしとげた業績を評価された。それをお聞きになっていた将軍さまは、やがてフルシチョフが各国共産党、労働党にも首領の役割を否定しろと言ってくるだろうと予言された。はたせるかな、その後、情勢は首領さまと将軍さまが予測された通りに急変していった。

繰り返すが、このとき、金正日はまだ十四歳である。こんな国際共産主義運動の重要な転換点を金日成と論議するなどありえない。

天才少年、猛虎のように戦う!?

　現代修正主義者はわが国にも自分たちの路線を受け入れさせようと策動をした。その年の四月にあった朝鮮労働党第三回大会に参加したソ連共産党代表団の団長（ブレジネフ）は差し出がましくもわが党大会の報告内容をけなし、自分たちの「個人崇拝」論を注入しようと画策したが、反撃された。その背後にはのちに摘発粉砕される崔昌益《チエチヤンイク》、朴昌玉《パクチヤンオク》ら反党・反革命宗派分子がいたのだった。内外の敵の狙いは革命の脳髄、首領の去勢にあった。将軍さまは、憤怒でふるえられた。そして、そういえば、と年初に新年のあいさつに自宅を訪ねてきて、肩をくんで「金日成将軍の歌」を合唱するなど首領さまと楽しく過ごし、忠誠を誓った抗日革命闘士の崔賢《チエヒヨン》、柳京洙《リユギヨンス》らのことを思い出された。

　しばらくしたある日、民族保衛省副相だった崔賢同志と柳京洙軍団長が自宅に訪ねてきた。将軍さまは彼らを迎え、お尋ねになった。「闘士同志たちは、ソ連共産党第二十回大会のフルシチョフ報告を読みましたか」。「はい、読んでみましたが、スターリンを批判したそうですよね」。将軍さまはこう言われた。「フルシチョフは首領を個人とみて、スターリンを批判したが、これは革命と建設にはたす首領の決定的役割についての拒否であり、首領が必要ないとの詭弁です」

そして、将軍さまは闘士らに人民軍の新聞などに文章を書いて出せばどうだろうか、と述べられた。「世の中すべては光と熱を与えてくれる太陽があってこそ存在できるように、わが党と人民は思想を与え、領導をあたえてくださる偉大な首領さまがおられてこそ革命と建設を成果的に前進させられる。われわれは敬愛する金日成同志をより高く奉じ不屈に擁護保衛しなければならないとの内容をこめた文章を、です」。闘士たちは賛同した。

その年の八月全員会議で、大国主義、修正主義者がそそのかし、反党・反革命宗派分子たちがわが党に全面的に挑戦してくるや、彼らはそれこそ猛虎のように戦った。「どこのどいつが、無理やりわが首領さまの権威をおとしめようとするのか。出てこい。どいつであってもすべて撃ち殺してやる」。パルチザン出身の闘士らの、その迫力に宗派分子はおじけづき、縮みあがったのだった。

まるで講談本である。当時の国際共産主義運動の趨勢《すうせい》であった反スターリン主義の流れを食い止めた、その砦がほかならぬ天才少年、金正日であった、と主張している。わずか十四歳でそうしたことが成し遂げられるとは信じがたいが、その真贋はともあれ、二〇〇二年に出版された『白頭山の息子』は幹部らの読む金正日伝である。彼らはこれを読んで学習しなければならない。教訓をくみとって、リポートしなければならない。ここが重要なところである。

「個人崇拝」がアキレス腱

説明があとになったが、建国以来、金日成を襲った最大の危機、「八月宗派事件」とはいかなるものだったか。おさらいしておく。一九五三年の朝鮮戦争の休戦後、金日成はソ連や中国などの協力を得て戦後復興三カ年計画にそって経済再建にとりくんだ。一応の成果は見たものの、その先の経済再建の方針をめぐって、自立的民族経済建設のために重化学工業を優先しようとする金日成ら抗日パルチザン派と、ソ連を中心とする国際分業体制へ移行するためにも軽工業・消費財生産を優先しようとするソ連派、親中国の延安派との間で路線が対立し、くすぶっていた。三年もの戦争によって疲弊しきった人民を食べさせ、生活を向上させるのが重要、との主張だった。ちなみに金正日は朝鮮戦争の一報をラジオのニュースで知り、幼い妹と疎開していたのだった。

そこに突如、ソ連からフルシチョフによるスターリン批判がふってわいた。個人崇拝問題である。ソ連派、延安派は勢いを得た。一九五六年六月から一カ月以上にわたって金日成が第一次経済五カ年計画の援助を得るためにソ連・東欧諸国歴訪に出たのを絶好の機会ととらえ、留守の間に金日成を追い落とそうと計画した。そして帰国後の八月三十日から三十一日にかけて開かれた朝鮮労働党中央委員会全員会議で「個人崇拝」だとして金日成を公然と批判した。だが、その企てはパルチザン派に察知されていたのか、あえなく失敗に終わり、一部は中国に逃げた。金日成は謀反を企てたソ連派の朴昌玉や延安派の崔昌益ら大物を次々粛清し、一九五八年までソ連派、延安派に対する弾圧をいっそう強め、パルチザン派で体制を固めていく。

こうした歴史上の大粛清事件で金正日も主要な役割を演じたのだ、と明かすことによって現在の幹部らは震え上がる。無言の威圧になる。実際に関与していたかどうかではない。そう宣伝していることに意味がある。プロパガンダ色の強い平壌の伝記はどの部分をクローズアップしているかで、いまがわかるのである。メッセージが読み取れる。この大粛清事件は、個人崇拝を否定する反金日成派の摘発であった。それはいまもなお続いている。いかに個人崇拝の指弾が平壌のアキレス腱であるかをもさらけだしてもいる。

ところで、この八月宗派事件、このところほかの内部文書でもしきりにクローズアップされている。たとえば、朝鮮人民軍の兵士、士官の政治思想学習テキストである「学習提綱」（朝鮮人民軍出版社、二〇〇四年）には、「革命の首脳部を決死擁護しよう」なる新しいスローガン（八月宗派事件のとき、抗日パルチザンの柳京洙が広めたとされるものとそっくりである）があふれ、こう解説している。

以前から宗派的目的を追求してきた崔昌益徒党は討論の演壇で、わが党に正面から挑戦してきた。

革命と反革命のこの熾烈な対決の場で、偉大な首領さま〔金日成〕を決死擁護するために立ち上がったのはほかでもない人民軍隊だった。全員会議に参加した民族保衛省内の抗日革命闘士は演壇に立った宗派分子の反革命的詭弁に断固とした打撃を加えた。彼らはやつらが党会議なのに民主主義を保障しろと叫ぶや、「この犬野郎、なにをほざく。民主主義とはなんの民主主義か」と罵声を浴びせながら、拳銃を抜き、やつらを押さえつけた。こうして全員会議を契機として武装暴動をおこそうとした陰謀は人民軍隊の銃によって粉砕されたのだった。

わが軍人たちは抗日革命闘士が身につけた首領擁護の透徹した革命的気質に学び、革命の首脳部〔金正日〕を害しようとする敵に対して燃えるような敵愾《てきがい》心と無慈悲性をもった首領決死擁護の猛虎とならなければならない。そして肝に念じるべきである。●革命の首脳部を害しようとする敵とはひとつの天をいただけないという不屈の革命意識、階級意識でしっかり武装しなければならない●革命の首脳部を害しようとする敵に対して最後まで無慈悲になぎ倒してしまう滅敵の覚悟でいつも心臓を燃やしておかなければならない●敵に対するごくわずかな幻想と慈悲も革命の首脳部保衛に重大な結果を招くことを瞬時も忘れてはならない。

解放したのはソ連軍

これはたんなる歴史の勉強ではない。同様の粛清劇がいま、まさに起きているかのような緊張感をはらんでいるのである。そして繰り返されるスローガン「革命の首脳部を決死擁護しよう」は、それこそ金正日の悲痛な叫び声に聞こえる。粛清につぐ粛清、それでもなお枕を高くしては寝られないのである。十四歳の天才金正日を克明に描くゆえんである。

金日成の「個人崇拝」を糾弾して粛清された崔昌益は有能な政治家だった。咸鏡北道穏城に生まれ、日本大学を卒業。朝鮮共産党ソウル派の幹部だったが、一九二八年に逮捕され、服役後、中国に渡った。日中戦争後、朝鮮義勇隊を組織、延安に移り、そこで朝鮮独立同盟のリーダーとなる。解放後は北朝鮮に戻り、人民検閲局長、副首相兼財政相を歴任した。

さらに彼は歴史学者でもあった。北朝鮮との国境に近いとある中国の古本屋に一冊の貴重本が埋もれていた。私はそれを手に入れて、大切に保存している。一九四九年に金日成総合大学が出版した『朝鮮民族解放闘争史』である。中表紙に〈偉大なロシア社会主義十月革命三十二周年記念〉と赤い文字で記されている。ここに崔昌益が「ソ連の対日戦争と朝鮮解放」の題で書いている。粛清されるなど夢にも思っていないころである。

……半世紀のあいだにわたって朝鮮民族を迫害し搾取してきた朝鮮人民の不倶戴天の怨讐である日本帝国主義は偉大なソ連軍隊によって朝鮮から駆逐され、最後の敗亡を告げたのであった。このときから朝鮮民族は日帝の鉄蹄下から解放され、朝鮮民族の歴史は新しい段階に入ったのであった。一九四五年八月十五日は朝鮮民族の再生の日であり、朝鮮民主主義祖国が創建の道をひらく日であった。

金日成が朝鮮を解放した、とはどこにも書いていない。解放したのは「偉大なソ連軍隊」だった。冷静な文章である。粛清の根はここにあったのかもしれない。しみだらけでぼろぼろになってはいるが、延安派の崔昌益の本が中国に残されていたのは因縁めく。そして、血ぬられた粛清の歴史に慄然とし、言葉を失うのである。

第六章・映画狂

父への「カリスマ」「軍歴」コンプレックス

金正日が無類の映画好きであることはよく知られている。すでに十代のころから映画に親しみ、映画人らと交流があった。そして、金日成総合大学時代、それこそ映画ざんまいの日々を送った。平壌の朝鮮映画普及所に通いつめ、モスクワからハリウッドまで古今東西の映画を見まくったのである。めくるめくキネマの世界は半島の孤独な王子をとりこにし、さみしさを紛らわせてくれただろうし、西側社会をのぞきみたい好奇心をも満たしてくれただろう。

それだけなら、趣味である。ところが、金正日にとって映画は趣味をはるかに越える存在であった。彼の文化芸術分野での足跡を記した内部文書『二十世紀文芸復興と金正日』（朝鮮文学芸術総同盟中央委員会、二〇〇二年）を入手した。金正日の還暦を記念して出版されたもので、幹部のみに配られた。全十三巻のボリュームのうち二巻までが映画にあてられ、いかに彼が映画を重視してきたかがわかる。たとえば早くも学生時代の一九六三年六月五日には朝鮮芸術映画撮影所を現地指導し、反党・反革命分子の事大主義者を根絶やしにしないと映画はよくならない、と教えている。そして、映画に対する基本的な考えをこう書いている。一九六四年に大学を卒業して朝鮮労働党で仕事をはじめたばかりのころのものである。この年にクランクインした「成長の途上にて」が映画指導のデビュー作だった。

〈党思想事業を一段階高めようとすれば、なによりも大衆教化の力ある手段である映画芸術から立て直さなければなりません。映画は党の路線と政策を解説、宣伝し、人民大衆をその貫徹に立ち向かわせるための強力な力を持っています〉

はっきり映画は思想教育の手段だ、と言っている。支配のツボを押さえている。ロイヤルファミリーに生まれ、お世継ぎとして育てられてきた金正日は後継者になる、との自覚は早くからあったはずである。それは学生生活を終えるだんになって確信めいた思いになっていたはずである。だが、彼には父へのコンプレックスがあった。人民を魅了する大衆性、カリスマ性において。抗日パルチザンとして戦ったわけでもないし、朝鮮戦争を指揮したわけでもない。軍歴がない。あったのは最高学府卒の学歴だけである。その学生時代にはまったのが映画だった。彼は朝鮮労働党に就職するや、組織指導部で党を一通り把握したあと、宣伝煽動部文化芸術指導課で働く。前にも書いたが、いわば若くして広告代理店に入り、メディアを握り、芸能界に顔をきかせたわけである。そこはじつに居心地がよかったとみえる。

いま、私の手元に古びた映画の編集台本がある。黄色い表紙で四十一ページ、ガリ版刷りである。タイトルは「温井嶺《オンジョンリョン》」。表紙には手書き文字で〈朝鮮映画撮影所製作、一九六五年〉と刷られている。配役の欄に主人公、ユ・ジンスクとして成蕙琳の名前が見える。彼女こそ、あの成田空港で拘束され、国外追放された金正男の母親である。家族でディズニーランドに遊びにやってきたと供述したが、その後の足取りはわからない。後継者候補から脱落したともいわれるものの、彼は少なくとも帝王学を学んでいる。過小評価できない。そういえば、成田事件直前に在日の中年女性が私を訪ねてきて「会えるかもしれませんよ」といわれたことがあった。彼が頻繁に来日し、赤坂の韓国クラブで飲んでいるとのうわさは私も聞いてはいたが、まさかと思っていた。平壌と東京、その地下水脈、闇のネットワークに身震いがした。

日本の左翼映画人が惜しみなく協力

さて、その成蕙琳だが、平壌演劇映画大学を出て、一九六一年に封切られた「分界線の村で」の主役としてデビュー、一躍スターとなった。その後の「百日紅」（一九六三年）「人民教員」（一九六四年）でも好演し、もっとも評判になったのが「温井嶺」だった。彼女は金剛山にある温井嶺に住む美しい田舎娘役で、平壌からきた画家に恋をする。相手役の画家は当代一の二枚目俳優だった厳吉善《オムギルソン》（のちに北朝鮮映画界の巨匠と呼ばれ、「安重根《アンジュングン》　伊藤博文を撃つ」などを監督。二〇〇五年に死亡）が演じた。この「温井嶺」はいまお蔵入りになっている。せっかくの作品だが、おそらく再び日の目を見ることはないだろう。

その原因はこの「田舎娘」に金正日も恋をしたからであった。彼女には夫がいた。それも小説『故郷』、『土地』、『豆満江』などで日本でもよく知られる作家、李箕永《リギヨン》の長男、李平《リピョン》である。その彼女を強引に奪い、結婚したのである。突如、スクリーンからトップスターが消えたのだからスキャンダルだった。むろんゴシップを伝えるメディアはないが。

そんないわくつきの映画「温井嶺」の台本である。あちこちペンでせりふが細かく書き加えられ、使われた形跡がある。なぜ、そんな台本が日本にあるのか？　ほとんど明かされていないが、金正日の映画への偏愛を陰で支えてきたのが日本だったのである。一九六〇年代、北朝鮮の映画製作の水準はきわめて低く、人材も機材もなかった。映画人はソ連や中国、東独で学びはしたが、頼ったのは日本だった。朝鮮総連が全面サポートし、日本の左翼映画人も協力を惜しまなかった。そういう時代だった。映画の編集作業は東京でおこなわれてもいた。この書き込みだらけの編集台本は、そうした経緯があったからこそ、私の手元に届いたのである。

映画「温井嶺」は日本でも上映された。パンフレットの表紙の写真は成蕙琳である。

成蕙琳の姉で、西側に亡命した成蕙琅の手記『北朝鮮はるかなり』は胸の詰まる物語である。それによれば、ソウル生まれである成蕙琳の父、成有慶《ソンユギョン》は慶尚南道《キョンサンナムド》の李朝時代から続く名門士大夫の家系で、母は植民地時代に雑誌「開闢《ケビョク》」の記者をしていた。夫婦ともに日本留学の経験もあるインテリである。こう書いている。

> 演出科を卒業した蕙琳は一俳優の枠をこえて映画の専門家であった。映画を好んだ正日は蕙琳の専門家的見識によって視野を広め、正日の映画指導を内部から助けた。映画という媒体がなかったならば、彼らは出会うこともなかったろうし、愛しあうこともなかったと思う。成蕙琳はその美しさだけで彼に選ばれたのではない。撮影所には蕙琳よりももっと若い、絶世の美女たちが部屋ごとに大勢いて、王子のまなざしばかりを待っていたのである。
>
> 新しい映画ができると正日は時間を割いて二人でいっしょに見たし、時間がないときは、彼女にひとりで見て意見を報告せよという課題を与えた。

「くさび」と「ヨイショ」のために

うそではない。金正日の生涯は虚飾まみれだが、こと映画に関しては熱心だった。彼が還暦を迎えた二〇〇二年、自らの人生を回顧する記録映画「偉大な領導の輝ける歴史」をつくらせた。そのビデオを見て驚嘆した。一時間二十分、彼の二十代から三十代にかけての映像はすべてといっていいくらい映画や演劇の指導シーンで埋まり、それもわざわざロケ地にまで出向いて俳優に演技をつけたり、カメラをのぞいたり労を惜しんでいない。音声こそ消されてはいるものの、いかにもやり手の映画人といった雰囲気である。平壌に映画のノウハウを授けてきた日本の映画人は溜息混じりに言った。

「ええ、一九六〇年代から助けてきました。とにかく手伝ってくれ、社会主義のため、革命のためなんだ、と。燃えてました。でも映画づくりのイロハも知らないから、在日の子に教えてね。彼らは帰国して映画人になったりもした。すべて金正日が牛耳っていることもわかってきた。金に糸目をつけない、あきれるくらい。ばか野郎だな、と思っていましたが、それでも映画にかける情熱にほだされ、つきあってきました。彼の映画への入れ込みはただならぬものがありました。日本映画も送れ、送れとうるさくて。平壌の彼のフィルムライブラリーには日本にフィルムのない東宝の娯楽映画までそろっていましたから」

いつだったか、私は古都、開城《ケソン》にある民俗旅館に泊まったことがある。朝食のキムチの色が薄く、案内員に聞くと、首領さまが辛いのは人民の体によくないと教示された、と言って、少し笑った。その朝、旅館のそばの川べりで映画のロケをしていた。近所のおばさんや子供たちも集まってきた。サインをねだりはしなかったが、スターを見たい、そのミーハー精神はいずこも同じである。撮っていたのは「民族と運命」、シリーズものの映画だった。撮影の合間、監督やカメラマンに話を聞いた。その物腰のやわらかさ、語り口のスマートさに彼らの地位の高さを思った。だが、ひとつだけ、念を押した。「この映画のことはまだ書かないでください。親愛なる指導者同志の検閲を経ないと、発表できません」。実際、金正日はフィルムを試写して、ワンカット、ワンカット注文をつける。そしてOKが出て、批准のサインがないと、撮り直しとなる。『二十世紀文芸復興と金正日』には、金正日のこんな声まで載っている。

〈芸術映画「民族と運命」第三、四部の完成フィルムのコピーをもういちど見ましたが、真実でなく、生活の論理にあっていない場面がありました。直さずそのまま発表することもできますが、「民族と運命」は世界的な名作にしなければならないので、少しでも不十分な部分をなくしてから発表しなければなりません〉

なんだろうと、よく読んだら、酒とつまみを載せた膳が気に入らなかったらしい。

いかにも映画狂の片鱗《へんりん》がのぞくが、それでも彼が実権を掌握していくのに文化芸術部門を足がかりにしたのは、それなりに理由があった。どの国にあっても自由の風潮が蔓延するのは芸術の世界だからである。それを熟知していた。くさびを打ち込んでおきたかった。映画を入り口に演劇、音楽、文学などあらゆる分野で新風を吹き込み、反党・反革命分子を摘発し、金正日色に染め上げていく。映画人は彼を「親愛なるウップン（上のお方）」と呼び、親衛隊となった。父、金日成の抗日パルチザン闘争をヨイショする映画「血の海」「ある自衛団員の運命」「花を売る乙女」を次々発表し、老幹部の顔色をうかがうことも忘れなかった。彼らに後継者になるためのバックアップをしてもらうためにも映画を最大限、利用したのだった。

文化大革命が始まる

そのころ、隣の中国では文化大革命の嵐が吹きはじめていた。その暴風はまたたく間に大陸から半島へ、むろん平壌にまで届こうとしていた。

一九六五年十一月十日、姚文元の評論「新編歴史劇『海瑞免官』を評す」が上海の新聞「文《ぶん》匯報《わいほう》」に発表されたことに端を発する文化大革命は、毛沢東による劉少奇や鄧小平ら実権派を追い落とそうとするものだった。その口実として北京市副市長で歴史学者である呉晗《ごがん》の書いた京劇シナリオ「海瑞免官」をやり玉にあげたのである。シナリオは毛沢東によって失脚した彭徳懐の復権を狙い、暗に毛沢東を批判したものだ、と指弾したのだった。

きっかけさえあればよかったのである。権力を維持するためにあらゆる政敵を葬り去る、いや、あえて敵をつくってでも、粛清を繰り返し、体制を純化していく。共産主義の宿命かもしれない。この評論は北京の「人民日報」にも転載され、十年におよぶ文化大革命の口火が切られた。中国全土に赤い毛語録をかかげた紅衛兵があふれ、空前絶後の毛沢東万歳！　個人崇拝へとつきすすんでいく。

その激動する中国をじっと息を殺して見ていたのが金正日だった。まだ二十五歳である。

一九六七年が分水嶺だった。それ以前と以後では、北朝鮮はまったく別の国になってしまった。スターリンも毛沢東も舌を巻く金日成の個人崇拝の道を歩みだしたのである。

この年の五月四日から八日まで秘密裏に開かれた朝鮮労働党中央委員会第四期第十五回全員会議で、党の要職にあった朴金喆《パククムチョル》、李《イ》孝淳《ヒョド》らいわゆる「甲山《カプサン》派」が追放された。国内の甲山郡にとどまって抗日活動をしてきた共産主義者で、金日成も直系だといってきた彼らを「ブルジョア修正主義分子」の烙印を押して一掃した。朝鮮戦争直後、その失敗の責任を南労党（南朝鮮労働党）系の重鎮、朴憲永《パクホンヨン》らに押しつけた大弾圧（一九五三年）、ソ連派、中国派を消し去った八月宗派事件（一九五六年）に続く大粛清だった。そして、この世には金日成の唯一思想体系しかないというグロテスクなまでの個人崇拝、独裁体制を確立する。そのすべては金正日のアイデアであった、と平壌は主張する。幹部らが読む金正日伝『白頭山の息子』には、そのころの逸話が「警鐘は鳴り、幕はおりた」の題で熱をこめて語られている。

平壌のとある劇場で「一片丹心（真心）」という芝居が上演されることになった。敬愛する将軍さま〔金正日〕は、これが個別的幹部らの強要によって創作された作品であると知っておられた。そこには許せない問題点があった。

そのモデルとなった幹部の地下闘争が、反日革命運動でいかにも重要な位置を占めているかのように描かれ、また彼の妻も革命家に対する真心を貫く朝鮮女性の典型であるかのように賛美していたからだった。妻は夫が日帝に逮捕され、西大門刑務所に収監されたと聞いてソウルへ行き、釈放させようとしたが、そこで日本人弁護士を訪ね、わいろを渡し、哀願した。それはわが女性たちへの冒瀆である——と。

敬愛する将軍さまは、その幹部の来歴を知っておられた。地下革命組織に関係はしたが、

内部限定の金正日伝『白頭山の息子』。

日帝に転向文を書いて出てきた革命の堕落分子だった。偉大な首領さま〔金日成〕は祖国が解放されたあと、彼の過去を一切、不問にし、党の重職につけた。ならば、彼は純潔でない過去に深く思いをいたし、党と革命に忠実でなければならない。ところが、彼は党と首領の信任にも応えず、内外の情勢が複雑な機会に乗じて経歴を粉飾し、自分を革命家として打ち立てるため、演劇までつくったのである。

敬愛する将軍さまはおっしゃった。「これは偉大な首領さまの権威をおとしめることである。目の前で万歳を叫び、後ろでアカンベーをしているようなものだ。歴代宗派分子や政治的野心家の手法とちがわない。だとすると、彼はイアーゴと同じ、あるいはそれより憎らしく、危険な人物だ。イアーゴはひとりだが、その幹部は追従者をつれ、背信の道を歩んだのだから」。こうして「一片丹心」は中止に追い込まれ、公演の幕はおろされたのである。

"イアーゴ"への猜疑心を露わに

お気づきだろう、あの中国の文化大革命のきっかけも京劇だった。そっくりである。話題の舞台に因縁をつけて政治闘争、権力闘争にもっていく。それも強引に。おそらく文革からヒントを得たのであろう。名前は伏せられているが、ここに出てくる幹部は朴金喆である。追従者は李孝淳、そして金道満《キムドマン》だとみられる。

おもしろいのは、金正日がこのエピソードで、シェークスピアの「オセロ」の登場人物、イアーゴを引き合いにだしているところである。ご存じの通り、「オセロ」は美しい妻デズデモーナを愛しているムーア人の将軍オセロの物語である。順風満帆のオセロの人生を陥れたのは、副官に任命されなかったことを不服に思っていた部下のイアーゴだった。冷酷で計算高い彼は陰謀をめぐらせ、オセロにささやき続けた。「デズデモーナが不貞をはたらいている」。そしてついにはオセロは妻を滅ぼさずにいられなくなり、破滅へと追い込まれていく。有名なシェークスピア四大悲劇のひとつである。

金正日は熟読したにちがいない。それなりの教養はある。で、彼はこの悲劇になにを学んだのか？「一片丹心」の逸話の前段にこんなくだりがある。

敬愛する将軍さまは、ある党幹部が翻訳出版されたばかりのシェークスピア戯曲選集を読んでいるのを目にとめ、ページを繰りながらおっしゃったのである。「党の活動家も政治書籍ばかりでなく、こうした文芸書籍もたくさん読まなくてはいけません。ところで、オセロは読みましたか？」。読んだと応えると、また問われた。「それで、なにを感じましたか？」。もしわが革命隊伍のなかにイアーゴのようなものがいたら、すぐにつかまえて除去しなければならない、と答えると、こう断じられた。「正しく見ている。われわれの生活で深刻な教訓を与えてくれるたいへん慎重な問題です。イアーゴのような陰謀家、野心家たちがわれわれのそばにいないかどうかいつも警戒しなければなりません」

みずからをオセロになぞらえ、側近への猜疑心を露わにしている。その思いはいまも変わらないだろう。オセロは妻のデズデモーナを殺した後、イアーゴに騙されていたことを悟る。それはまことに悲劇だが、シェークスピアはたんなる悲劇では終わらせなかった。デズデモーナは貞節だった。それが救いとなって、オセロは人間への信頼を回復して死んだ。愛が深く描かれているからこその世界の名作である。だが、金正日にとっては、裏切り者のたとえでしかない。そこに彼の教養の限界もある。いや、気づいている可能性がある。金正日はこのところ自らの政治姿勢についてしきりに口にする。「信頼の政治」「愛の政治」だと。あるいはオセロが出所なのかもしれない。

実学を勧めただけで処刑

さて、『白頭山の息子』には反党・反革命分子の罪として、こんなものを列記している。名を伏しているが、これも朴金喆である。

●普天堡《ポチョンボ》戦闘勝利記念塔に首領さまの銅像を建てることに反対
●「朝鮮労働党歴史研究室」をなくそうと策動
●おべっか屋をもちだして自分の伝記を書き、生家をととのえようと画策
●革命伝統の幅を上下左右に広げなければならないといいながら、わが党の革命伝統に有象無象を引き入れようと画策
●回想記をはじめ革命伝統教化資料を出版できないように策動
●社会主義経済管理体系である大安《テアン》の事業体系を受け入れないように妨害
●わが党の総路線である千里馬運動をけなし、その効果が現れないように妨害
●「牧民心書」を幹部たちに必読図書だと言って広め、地方ごとに「郷土誌」をつくるように画策
●娘たちが嫁に行くとき、封建時代のようにかごに乗っていくように推進

こんなことで粛清されたのである。よくて収容所送り、悪ければ処刑である。まさか、と思われるが、金日成の唯一思想体系の確立とは、そういう恐怖政治を意味した。そのとっかかりが映画の世界であり、演劇の世界であった。ここに列挙されている罪のなかでなじみのないのは「牧民心書」だろう。これは李朝後期の実学思想の大家、茶山・丁若鏞《チョンヤギョン》の著書で、地方官

の心得を説いたものである。封建時代の書物の勧め、それも改革思想であった実学思想の流布は金日成への攻撃とみなされた。このころ、月刊漫画雑誌「矢」に千里馬にのった李朝時代の実学者（丁若鏞）が、平壌の変貌《へんぼう》を見て、自分の望んだ通りになったと、ひげをさすりながら満足している漫画が掲載された。これも糾弾された。金正日伝『白頭山の息子』は、こうした罪を並べて、金正日は怒りが抑えられなくなった、と言って、こう書く。

「赤旗歌」で一夜を明かす

……そして、将軍さまは謹厳な顔色をして部屋に入られ、ひとりで「赤旗歌」を聞いておられた。夜中の一時である。そこへ偉大な首領さまから電話がかかった。「いま、何をしているのか」「首領さま、赤旗歌を聞いているところです」「赤旗歌だと？　いい歌だ。私も山で戦っているとき、試練が迫ってきたときには赤旗歌を歌ったりしたものだ。……。私にも赤旗歌を聞かせてくれ」「はい」。将軍さまはテープレコーダーを受話器に近づけ、歌の入ったテープを最初から回されたのだった。

民衆の旗　赤旗は
戦士の死体を包む

死体が冷たく硬くなる前
血潮は　旗を染める

高く掲げよう　赤旗
その下で　固く誓う
卑怯ものは　行きたければ行け
われらは　赤旗を守りぬく

この革命の歌、闘争の歌とともに夜を明かした将軍さまはついに大英断をくだされ、席を立たれた。そして偉大な首領さまとお会いになり、これまでに判明した野心家たちの策動や反逆的罪行について資料をもとに総合的に分析、報告された。そして、やつらとの組織思想的決別を厳粛に提起され、これは偉大な首領さまと党中央委員会政治局常務委員会の全幅的な賛同を受けた。そして、一九六七年五月、歴史的な党中央委員会第四期第十五回全員会議で、彼らの罪行はひとつずつ暴露され、彼らとの決裂を宣布した。

ここで「赤旗歌」が象徴的に描かれている。覚えておられるだろうか。日本でも大ヒットした韓国映画「シルミド」である。金日成暗殺の使命を背負った特殊部隊が南北融和ムードのなかで、不要とされ、秘密保持のために部隊全員が殺害されようとする。それを察知した隊員たちが、青瓦台に自分たちの思いを直訴するため、バスを乗っ取り、ソウルへ向かう途中、政府軍に包囲され自爆するのである。そのバスのなかで歌われていたのが、この「赤旗歌」だったとして物議をかもした。どうして「赤旗歌」だったのか、そんな歌が韓国に浸透していたのかどうか……。いまもってわからない。

「五・二五教示」は個人崇拝の印籠

さて、いかにもできすぎたストーリーの感があるが、この金正日が主導したとされる朝鮮労働党中央委員会第四期第十五回全員会議がおわるや、金日成はイデオロギー部門活動家に「資本主義から社会主義への過渡期とプロレタリアート独裁の問題について」なる演説をおこなう。一九六七年五月二十五日だった。その題からはうかがい知れないが、そこで語られた内容が「五・二五教示」と呼ばれ、狂気じみた個人崇拝を進めていく印籠《いんろう》となる。先の成蕙琅の手記『北朝鮮はるかなり』にはこう書かれている。

……五・二五教示は、誰が粛清されたかということよりも、反修正主義闘争という大旋風のもとでの大々的なインテリの除去、彼らの創造物である文化にたいする総攻撃、左傾極端主義による反文化革命として記憶している。そしてこの反文化革命と同時にあらわになったものが個人崇拝、首領偶像化であった。これはいい換えれば、インテリの除去と文化の抹殺が、個人崇拝と首領偶像化の前奏曲であったということを意味するのではないだろうか。

北朝鮮の人たちは一致して「六〇年代までは、暮らし向きはよかった」という。正確にいうならば、五・二五教示の前まではそれでもまだ北朝鮮は社会主義人民の国であった。ところが五・二五教示を契機として、階級闘争とプロレタリア独裁の強化、首領偶像化の深化、インテリ革命化がせきたてられる中で、社会全般に極左的な風が吹き荒れた。人びとは何ひとつものがいえず、おびえ、たがいに顔を見あわせるばかりであった。

（略）

五・二五教示以後、全国的に実施された図書整理事業は、ほとんど七〇年代の半ばまでつづいた。全国のあらゆる家庭、あらゆる職場の本のページがいちいち検閲されるという膨大なキャンペーンがおこなわれた。この地球上で北朝鮮ほど徹底して無知無策の労力投下をおこなっている国はほかにないであろう。北朝鮮の土地は狭く、人口も多くないとはいえ、そこにあるすべての本のページが（同じ題名の百巻の本ならば、その百巻すべてが）検閲対象となるならば、そのページはどれほどの量にのぼるであろうか。各ページに書かれている文章の一行一行すべてが検閲対象だとしてみよ。文字のひとつひとつが検閲対象だとしてみよ。図書整理とは、問題にされ、削除対象とされた内容やことば遣い、人名を削除する作業である。

二世のお坊ちゃんの〝手柄〟

あれはまさに焚書坑儒だった、と当時の平壌を知る在日の芸術家は口をそろえる。廃品回収のように本の束が学校の校庭に運び込まれ、山積みにされ、火を放たれたというのである。想像すらできない光景だが、幸いにして在日の所有していた本は焼け残った。むろん朝鮮総連系のインテリだが、彼らも年老いて、蔵書を処分しはじめている。古本屋の片隅にひっそりと並ぶそれらは北朝鮮研究に貴重な資料となっている。おそらく将来、北朝鮮史を書くなら、日本で古本屋めぐりをしなければ不可能だろう。成蕙琅が述べているように図書整理事業はおそるべき執念深さだった。そして、それはいまもなお続く。

たとえば、私の本棚にある金日成総合大学朝鮮文学科の教科書『朝鮮近代現代文学史』(金日成総合大学出版社、一九九六年)の傷はあまりにも痛々しい。映画文学の項目である。一ページまるごとちぎられている。かと思えば、マジックでひとつの作品名が消され、紙が張りつけられている。また新しいページに差し換えられてもいる。むろん、すべて根気のいる手作業

映画文学の項がズタズタになった『朝鮮近代現代文学史』。

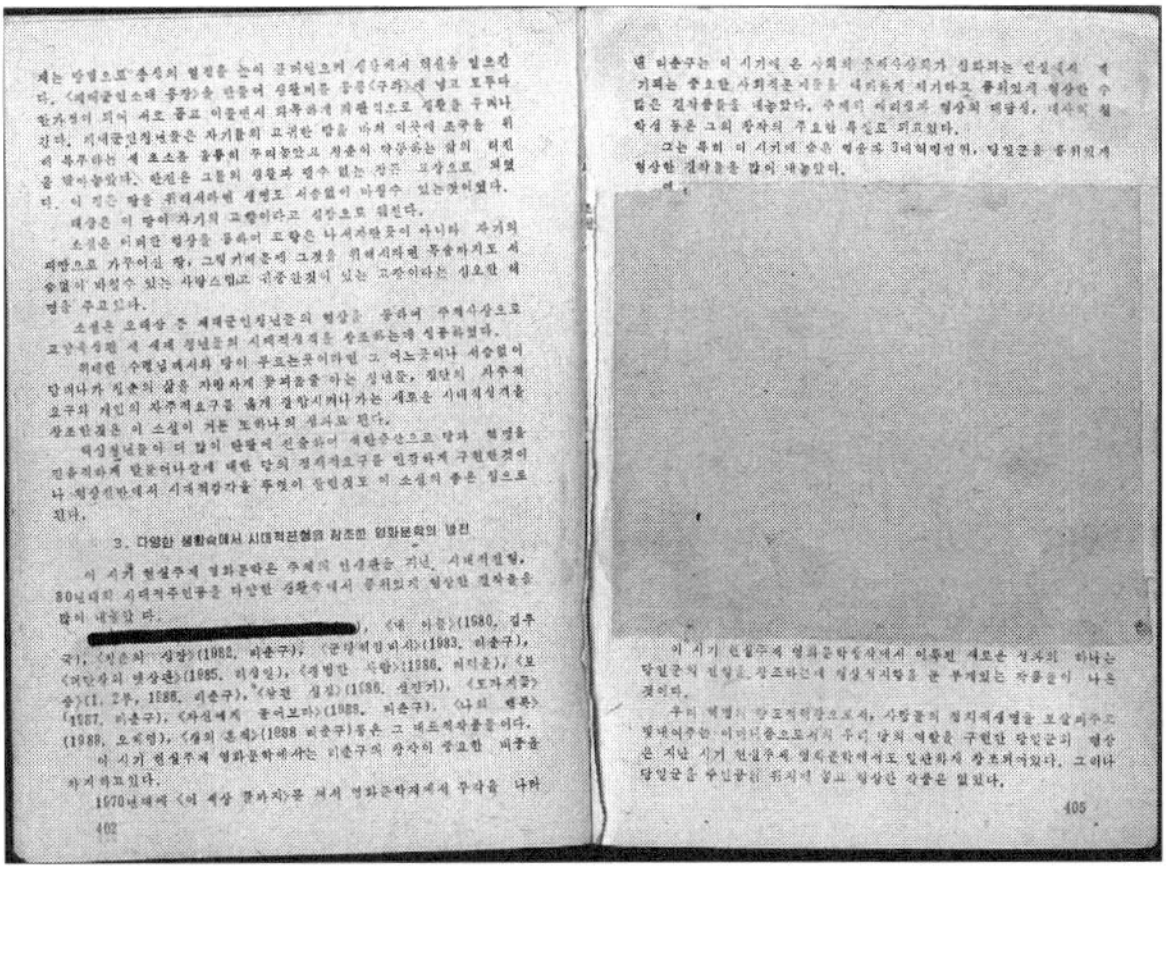

である。これが映画文学の項目であることを考えれば、まぎれもなく金正日の目はいまも光っているとの証左である。それにしても、こうしたテキストで勉強している学生はどう思っているのだろうか。想像をたくましくするのか、あきれているのか。いや、消えたページについて批判闘争を繰り広げさせ、いかなる疑問も噴出しないように手を打っているのだろう。いずれにしろ、エネルギーが浪費されている。

これまで述べてきた通り、映画の世界に飛び込んだ金正日は、ただ新しい映画づくりに奔走していたのではなかった。あくまで映画や演劇を足がかりに権力闘争に火花を散らし、大粛清をもやってのけたのである。少なくとも、彼の国の伝記はそう書く。「甲山派」の革命家たちはそれぞれに名の通った実力者であり、たかが二十五歳の二世のお坊ちゃんにあしざまにののしられる筋合いはない。実際に彼がこれほど大規模で凄惨な粛清劇を主導したとは信じがたいが、金正日のとりまきが暗躍したかもしれない。ともかくこの粛清そのものはあった。それをいま、金正日の手柄にしたのである。これも神話であると私は見ている。この幹部向けの金正日伝『白頭山の息子』は二〇〇二年から出版されている。そう、先軍神話の完成した年である。私はそこに、大きな意味を見出すのである。

第七章・一九七八年、拉致の季節

石橋を叩いて、叩いて渡る

着々と映画や演劇の世界で政治手腕を磨いてきた金正日は一九七四年二月十三日、朝鮮労働党中央委員会第五期第八回全員会議で政治委員に選出された。ついに金日成の唯一の後継者として推戴されたわけである。だが、金正日の名前はまだオープンにはできなかった。石橋を叩いて、叩いて渡る、まさにそんな感じの決定であった。翌日の「労働新聞」から彼は「党中央」なる無機質きわまりないコードネームで呼ばれることになった。

再び幹部向けの金正日伝『白頭山の息子』をひもといてみる。後継者問題についての興味深い記述があった。その前年の一九七三年九月三日、翌日に党中央委員会第五期第七回全員会議を控え、金日成は抗日パルチザンの盟友である首相の金一《キムイル》と執務室で会話している。その詳しいやりとりが記録されていたのである。

首領　では内容を聞いてみよう。

金一　私が申し上げたいのは、朝鮮革命の運命と主体革命偉業の前途を見たとき、こんどの党全員会議の案件の最初におかなければならないのは、私の所見では、偉大な首領さまが反対なさるであろう問題であります。

首領　党中央委員会政治委員会委員が慎重に提起する問題であれば、どうして私が反対するものか。慎重に受けいれて研究してみなければ。トンムの心の中で抱いている考えはすべて顔に出ています。

金一　偉大な首領さまはパルチザンのころから人々の心の内をお読みになられる天才でした。きょうの私の心の内もとっくにおわかりかと存じますので、さしでがましくは申し上げませんでした。私は朝鮮革命を領導する後継者問題を早く落着すべきとの思いを心の中に抱いております。

首領　だいたいわかっている。金一トンムの一言一言や表情、私のところにあわてて駆けつけてきたことなどもこれまでとは違うので、どんな問題だろうかと思ってみたけれど、朝鮮革命を領導する後継者問題だとピンときた。

金一　偉大な首領さまのおっしゃった通りで、朝鮮革命の運命と前途が首領の後継者にかかっています。こんどの党全員会議で後継者問題を落着させるのがよろしかろうと。

首領　革命を領導する後継者問題に対する金一トンムの意見に全的に同意します。われわれが山で戦っていたとき、私やトンムたちはみんな青年真っ盛りだった。いまやすでに還暦も超えた。だが、われわれの行く道はまだ遠く、険しいのです。われわれは白頭山の密林で開拓した革命偉業を完成できず、分裂された祖国も統一できずにいる。わが革命の内外情勢は依然として複雑で、これからより難しく、複雑な情勢が醸成されていく。革命を領導する後継者問題を正しく解決することは革命の前途と国と民族の運命に関する切迫した問題です。金一トンムが、この切実な問題を革命の運命と前途に関係する重要な党の路線問題とみなして、落着させなければならないということは、とても正しい提起です。

革命を領導する後継者問題は国際共産主義運動の教訓と現実をみても、これ以上は引き延ばせない要求といえます。それで、私は去年（一九七二年）の四月、万景台で朝鮮人民軍創建四十周年を迎えて、抗日革命闘士たちと会ったときにも、党と革命に忠実でわが革命偉業を代を継いで継承していける能力のある若い人間を早く後継者として押し立て、育てていかなければならないと言ったのです。

還暦を機に、バトンタッチ

さりげなく、だがきわめて重要な事実が語られている。朝鮮人民軍創建四十周年の記念日といえば一九七二年四月二十五日である。その十日前の四月十五日は金日成が六十歳の還暦を迎えている。金日成の動静をチェックしてみると、彼が抗日パルチザンの老闘士らと会ったのは四月二十二日だった。このとき、初めて後継者問題の決着を強く示唆したのである。あえて金正日の名前はあげてはいないが、この文脈でいけば、金正日を後継者にしたい、と宣言したのと同義である。四月二十四日には平壌の万寿台の丘に建てられた高さ二十メートルもの巨大な金日成像の除幕式が、三十万市民を集めておこなわれていた。孝行息子の父への還暦プレゼントであった。金正日後継のムードづくり、神話の演出にたっぷり時間を費やしてきたのである。そしていよいよ大丈夫だ、となった、そのタイミングが金日成の還暦であり、その承認を得ようとした相手が抗日パルチザン、つまり軍部であったのである。

まさに儒教そのものである。漂う敬老精神、そして父親の還暦時に息子にバトンタッチする（隠居はしなかったが）このスタイル、金正日も踏襲したのではないか、と私は考えている。金正日が還暦を迎えた二〇〇二年に先軍神話はできた。ただの偶然ではない。おそらく父になって二〇〇二年四月二十五日前後、後継者をめぐるなんらかのアクションがあった可能性が高い。ちなみにこの年四月二十五日の金正日の動静を調べると、平壌の金日成広場で朝鮮人民軍創建七十周年記念の労農赤衛隊の閲兵式に臨んでいる。軍事パレードこそなかったが、軍や党幹部をひきつれ、ひな壇に現れた金正日は万雷の拍手に迎えられ、バルコニーから笑顔で手を振ってこたえていた。翌二十六日はメーデー・スタジアムでマスゲーム・芸術公演「アリラン」を観覧している。

抗日パルチザンの老闘士の前で金日成が初めて後継者について口をひらいた一九七二年は、南北関係の画期的な年でもあった。この年の七月四日、ソウルと平壌で同時に「南北七・四共同声明」が発表された。統一は、自主的、平和的、民族の大同団結でおこなうとの基本原則が合意されたのだった。背景は米中の接近など国際情勢の影響が強いとされているが、金王朝にとっても後継者のめどがつき、和平ムードは一応、歓迎したい空気があっただろう。

一歩ずつ、一歩ずつ、権力の頂点へ

「金日成―金一」の会話に戻ろう。

首領　かつてソ連ではレーニンがスターリンのような革命に忠実な人間を後継者として育てていた。だからレーニンが死去したあと、スターリンは彼の遺志を継いで、ソ連共産党とソ連人民を領導し、革命と建設で輝かしい成果を達成した。だが、スターリンは自分の後継者をよく育てなかった。だから彼が死去するや、フルシチョフのような背信者が現れた。われわれは党と革命に限りなく忠実でわが革命偉業を代を継いで輝かしく継承完成させる能力のある若い人間を後継者として選定し、よく育てなければなりません。

金一　偉大な首領さまがそうおっしゃってくださって、どれほどうれしいかわかりません。それで、私は親愛なる指導者同志を朝鮮革命を領導する首領の後継者として推戴する事業をこんどの党全員会議で落着させることを丁重に提議します。

首領　単刀直入にではなく、革命を領導する後継者問題が革命発展で必然的に提起されるとの話題をまずしておいて、そのあとで対象問題を提起しているところをみれば、パルチザンの時期に政治委員をした人間の戦術そのものです。

金一　それは偉大な首領さまがパルチザンの時期から私にお教えくださった首領さま式政治事業方式であります。

首領　私は金正日同志を朝鮮革命を領導する後継者として推戴しなければならないとの金一トンムの提起をそうだと思い、ありがたく思います。いま、金一トンムをはじめとする朝鮮革命の第一世代たちが全党、全人民は同じ意志だといって、金正日同志を後継者として推戴しようと提起している。それは歴史発展の流れとなっています。

金一　本当にそうです。

首領　金正日同志は文武を兼備した白頭山の息子です。金正日同志はまだ若いですが、自分の実力で高い事業権威を獲得しました。彼の思想的理論的英知と洞察力には驚きを禁じ得ません。彼は組織的手腕があり、展開力があり、統率能力があります。だから、人民たちが彼を親愛なる指導者同志と呼び、従い、尊敬しています。

金一　民心は天心であって、親愛なる指導者同志は人民みなに欽慕され、期待されているため、首領の後継者として推戴するのは必然的問題になっています。

首領　だが、革命を領導する後継者の推戴は慎重な問題だから、もう少し研究したほうがよかろう。人民の念願は歴史の必然として必ずや成就するでしょうから。

中世の王宮での王さまと臣下の会話を彷彿させる。なんともまどろっこしく、気を持たせるこのやりとりから、金日成のうれしそうな顔が浮かんでくる。思えば、金正日は金日成総合大学を卒業した一九六四年に党中央委員会に入り、その年の六月十九日から事業をはじめ、指導員、課長をへて、一九七〇年九月から副部長、一九七三年七月に部長に昇進、この間、一九七二年十月には党中央委員会委員に選ばれてもいる。ようやく機は熟したという判断だったのだろうが、それでも結局、一九七三年九月の朝鮮労働党中央委員会第五期第七回全員会議では党中央委員書記に選出されるにとどまった。まさに一歩ずつ、一歩ずつ権力の頂点へと登らせる、いかなる批判をも許さず、反対派は除去して「純化」していく。すさまじいまでの執念であり、おそるべき金王朝の世襲劇であった。

とりまきたちがフル回転

それにしても一九七四年二月十三日、朝鮮労働党中央委員会第五期第八回全員会議の最終日にようやく政治委員に選出された金正日は、まだ三十二歳である。その若さについて、金一は語っている。「偉大な首領さまは十代にして革命の道に進まれ、二十代で抗日遊撃隊を創建され、三十代で祖国を解放され、わが党と人民を賢明にお導きになった。親愛なる金正日同志の年齢があのころの偉大な首領さまと同じ三十代であります」(『白頭山の息子』)。「党中央」と呼ばれた金正日はすぐさまイデオロギー解釈権を握った。全員会議のあった直後の二月十九日、全国党宣伝活動家講習会で「全社会を金日成主義化しよう」と、もっともらしい演説をおこない、そのなみなみならぬ決意を披瀝《ひれき》した。彼自身もそうだが、彼のとりまきたちがフル回転で、後継者の盛り上げに奔走した。「三大革命小組」なる親衛グループが平壌を跋扈《ばっこ》した。

ところで、相当あけすけな記述の目立つ金正日伝『白頭山の息子』であっても、たったひとつタブーとなっているのは「世襲」の文字である。スターリン批判に端を発した「個人崇拝」への批判は彼らなりに修正主義だ、とかわしたとしても、実際のところはやはり後継者問題イコール世襲だったわけで、その点だけは触れたくないとの切なる思いが読み取れる。後継者問題については、ソウルで出版され、それを東京で翻刻発行されたかたちをとった金裕民著『後継者論』(九月書房、一九八六年)がかなり素直な筆致で、こう書いている。

……したがって、後継者の資質と風貌を完璧《かんぺき》にそなえたすばらしい人物であったならば、男性であれ女性であれ、壮年であれ青年であれ、または革命活動の歴史が長かろうが短かかろうが問題にはならないのである。これは首領とその後継者に血縁関係があるかどうかという問題についてもまったく同じだといえる。ゆえに、ある人物が後継者としてのあらゆる資質と風貌をそなえている場合には、その人物が首領と血縁関係にあったといっても、後継者として選出できないという論理は成立しえないのである。万一、こうした論理が通用するならば、それは労働階級の革命偉業という大局的な見地から見るとき、きわめて重大な過誤だと言わざるを得ない。

共産主義運動で首領とその後継者が血縁関係にあっても、それを世襲制と関連させたりすれば、それはなによりも世襲制にたいする政治的概念すら知らないものの詭弁であり、そうでなければ、なんらかの不純な政治目的を追求する故意の術策だと見るほかはない。労働階級の革命偉業を遂行するには、首領の後継者が首領と血統的につながっている場合でも、それは過去の歴史における封建王朝の世襲やブルジョア君主制における王位の血統的継承のようなものとは根本的に区別されるものである。封建王朝やブルジョア君主制では、その資質や能力、人物には関係なく血統によって王位が無条件で世襲され、継承される。そこでは血統だけが絶対視され、その人物は完全に無視されている。どの国の歴史にも世襲によって極端に醜悪な人物、バカやあほうを王位にのぼらせ、あらゆる醜態をみせた事実はあまりに多いのである。

「けってバカやあほうではございません」

だから、どうぞ、どうぞ、わかってくださいな、そう切々と訴えているのである。わが新しい首領さまは、けっしてバカやあほうではございませんから、と。こうした文章は伝記には載らないのである。あくまでも王朝の外の世界に懇請するだけである。平壌では少しでも反対すれば、粛清すればいい。わからず屋は炭鉱で強制労働をさせ、それでも頑固なものは処刑すればすむ。世襲を嗤《わら》い、難癖をつけるのは韓国であり、在日であった。だからわざわざ、こうした謀略まがいの本が流布されたのである。ちなみに私はこの本を大阪の古本屋で見つけたが、あちこちにアンダーラインが引かれ、朝鮮総連の活動家が必死で学習した痕跡があった。一九九一年には朝鮮総連中央常任委員会でも内部学習資料『後継者問題と朝鮮』を発行している。そこには後継者選出のマニュアルが記されていた。

①首領にたいして比類ないほど清く、きれいな忠実性をそなえていなければならない。
②飛び抜けた英知の所有者でなければならない。
③卓越した領導力を持ち合わせていなければならない。
④高邁な徳性を体現していなければならない。

以上の四点をあげながら、選出において順守すべき問題として三点を掲げている。

①全人民の絶対的な支持と信頼を土台として人民大衆自身が推戴すること。

②新しい世代の人物を選ぶこと。

③首領の生存期間、さらにいえば、首領の在任期間に選ぶこと。

③については、こう説明されている。

それは首領が自分の思想と確立した革命路線を確固として継承し、発展させる人物を育成できるからである。首領が不意に退任したあとに後継者を推戴する場合には、首領の領導が一時的に中断したり、そうでなくても後継者の領導体系が強固となるまでのスキに乗じて、権力闘争を狙う野心家がうごめくことになる。後継者を首領の生存時に選べば、後継者が首領を直接、補佐し、首領の思想と領導をうまく実現でき、首領の苦労と深慮を減らしてさしあげることもできる。

めぐみさんたちを恐怖のどん底に

さて、ようやく一九七四年に金正日が金日成の唯一の後継者に推戴されたとはいえ、その「党中央」なる仮面を脱ぎ捨て、金正日の名前で堂々と表舞台に登場するのは、さらにそれから六年ものの ち、一九八〇年十月十日の朝鮮労働党第六回大会まで待たねばならなかった。この間、いったい、何があったのか——。

拉致である。

集中したのは一九七八年だった。それはちょうど私が大阪外大朝鮮語学科に入学した年でもあった。あのころの空気を思い出してみようと、私は大阪・鶴橋へと向かった。

一九七八年四月、入学したてのわれわれ新入生十五人はいきなり面食らった。新歓コンパ会場が焼き肉屋だった。なにせホルモンやセンマイなど口にしたこともない。大根のキムチも知らなかった。それに濁り酒、マッコリの洗礼。その焼き肉屋はいまもあって、立ち寄ったときはたまたまグルメ番組の撮影中だった。タレント弁護士は「うまそ〜」と屈託がない。それにしても四半世紀後の韓流ブームの到来などどうそのようである。朝鮮語の勉強といっても、テキストは手書きコピー（それも青焼き）、辞書もロクなものがなく、その辞書づくりが授業代わりだった。二日酔いでしょっちゅう講義を休む教授は、山頭火の句集を手にぼやいていた。「日本の朝鮮研究は百年遅れている。親善のための朝鮮語をやらなあかん」。在日社会にまみれ、キムチのにおいをかぎ、隣人の言葉にふれた。それはそれで楽しかった。

だが、あのころ、まさしく私が朝鮮語のいろはと悪戦苦闘していたころ、横田めぐみさんは北朝鮮の工作員によって拉致され（一九七七年十一月）、恐怖のどん底で無理やり朝鮮語を覚えさせられていたのだった。一九七八年には田中実さん、田口八重子さん、地村保志さん・富貴恵さん、蓮池薫さん・祐木子さん、市川修一さん・増元るみ子さん、曽我ミヨシさん・ひとみさん……。日本からだけではない、韓国からはのちに横田めぐみさんの夫となる金英男さんらもさらわれた。さらにこの年、映画好きの金正日の指示だろう、韓国の著名な映画監督、申相玉《シンサンオク》さん、女優の崔銀姫《チェウニ》さん夫妻も相次いで香港から連れ去られた。

T・K生は知っていた

あのころ、ソウルから流れてくるニュースは民主化のうねりと、朴正熙《パクチョンヒ》政権による弾圧だった。反体制のスターは不屈の政治家、金大中であり、民衆詩人の金芝河《キムジハ》だった。輸出百億ドル達成にもわいていた。在日が肩を寄せ合い暮らすこの町の電柱には南北、それぞれを支持するビラが張られていた。そんな光景を懐かしく思い浮かべながら、高架下をぶらぶらいくと、古本屋に岩波新書『韓国からの通信』を見つけた。雑誌「世界」に連載されていたT・K生なる匿名のリポートだった。さながら革命前夜といったムードすら文章にみなぎっていたのをよく覚えている。そして、平壌のただただ不気味なまでの静けさ――。

ところが、ソウルを旅してみると、デモばかりでもなかった。たしかに維新体制下、午前零時以降は「トングム（通禁）」といわれる外出禁止であったし、たまに防空訓練もあるにはあった。だが、夜な夜な南大門かいわいの屋台は活気にあふれ、酔っぱらいは、いずこも同じであった。私はソウルを走り回った。カメラで路地裏を撮っていたら、もっときれいなところを撮りなさい、としかられ、パゴダ公園でえんえん反日老人の独演を聞いたりもした。いつも催涙ガスのにおいはたちこめていたが、学園は暗くもなかった。女子大生歌手、沈守峰《シムスボン》の「クッテ・クサラム（あのとき、あの人）」がヒットしていた。日本では韓国演歌ブームがおきていた。一九七八年には「カスマプゲ」を歌った李成愛《イソンエ》が引退、前年には金蓮子《キムヨンジャ》がデビューしていた。私はソウルのカラオケで覚えたての歌をうたった。猥雑さが心地よかった。

だが、平壌の情報はほとんどなかった。大学では南北の言語を学んだが、平壌のものに印象に残るテキストはなかった。一九六七年の焚書坑儒もとっくにおわって、金日成万歳ばかりであった。ただ一九六〇年代初めに平壌で出た『朝鮮語辞典』の影印本は愛用していた（いまも使っている）。それは南北を通じて言語学的に一番できがよかったからである。雑音混じりの平壌放送に耳をすましたり、宣伝臭だらけの「朝鮮画報」を開いたり、たまに巡回上映される革命映画を見たりがせいぜいであった。あのころ、私と同世代の日本人が拉致され、彼の国で助けを求めていたなど一朝鮮学徒には知るよしもなかった。
ところで、あの『韓国からの通信』の筆者は韓国の宗教哲学者、池明観《チミョングァン》さんだった。二〇〇三年に自ら公表した。思うところがあってのことだったろう。私は韓国に住む池さんに聞いた。穏やかなインテリは、こう言った。

私はね、北朝鮮が日本人の拉致をやってる、とうすうす知っていたんです。韓国人の拉致はしばしばでしたから。そこまでやるか、と思いました。ですから、東京で北系の人間と秘密裏に会ったとき、「将来、とんでもない問題になる、むちゃなことはするな」と忠告したんです。なにも答えなかったですね。一九七〇年代、北はのぼせあがっていた。革命のためならなにをやってもいい。最後に勝利すればいい。工作員に日本語を教える必要がある、そのために日本人をさらっていく、そんな簡単な発想ですよ。手段を選ばない。「通信」では北について論じませんでした。できなかった。戦う相手を明確にするためです。当時、韓国には「先統一、後民主化」といった論調もあって、警戒していました。南の民主化が先でなければと思っていましたから。二〇〇三年に北に行きましたが、普通の人に会えない。大同江すらそばで見せてくれない。私は北の出身者ですよ。一九四七年に三十八度線を越えて南に来ましたが、あのころよりもっと悪い。ショックで寝込みました。どうしていいかわからない。圧力を加えればいいのか、助ければいいのか。

知識人の弱さだろうか。ナイーブな、その声が私は忘れられない。

「漢江の奇跡」にあせる

さて、高架下の古本屋でごそごそ資料をあさっていると、改めてこの一九七八年が平壌にとってエポックであったことがわかってくる。建国三十周年の節目であって、金日成が中国の華国鋒主席、ルーマニアのチャウシェスク大統領らと会見、第三世界の指導者らとも頻繁に会っている。九月九日の記念日にはなんと世界百九の代表団が平壌に集まり、妙香山に外国要人からのプレゼントを陳列するための国際親善展覧館を開く。どなたかがお中元センターと表現していたが、言いえて妙である。日本との関係でも、東京にチュチェ思想国際研究所を開設、平壌学生少年芸術団が来日し、さらに社会党の飛鳥田一雄委員長が訪朝もしている。こうした動きは一見、平壌の外交攻勢にも見えるが、その裏には「漢江《ハンガン》の奇跡」といわれた発展する韓国への猛烈な対抗意識、あせりがあったにちがいない。南北の経済格差は広がるばかりであった。

再び幹部向けの金正日伝『白頭山の息子』をひもとく。この一九七八年当時の金正日本人はといえば、いったい、なにをしていたのか？　あきれたことに、金日成の業績をたたえるため、白頭山のふもと、三池淵に巨大記念碑を建設せよ、と号令をかけ、昼夜わかたず細かな指示を出している。また革命演劇「城隍堂《ソンファンダン》」のチェックに血眼になっている。そしてこの一九七八年に封切られるスパイ映画「名もなき英雄たち」について多くのページを割いている。曽我ひとみさんの夫、ジェンキンスさんも出演したシリーズものの映画である。

伝記によれば、この映画のもとのタイトルは「永遠なる生の道で」であった。それを金正日が変えさせたというのである。南に潜入したひとりのスパイが正月の朝、ラジオから流れてくる北朝鮮の「愛国歌」に胸を熱くするシーンを入れさせた、とも記している。そしてテーマソング「忠誠の心」について書いている。〈工作任務を負った戦士が、二度とは戻れないかもしれない厳しい戦いを前に党と革命のため、祖国と人民のため、一身をささげる信念、その高尚な精神世界をうまく表現しています〉。『白頭山の息子』はこのころを「偉大な継承の時代」と呼んでいる。それは北朝鮮が拉致に走った時代であった。

「日朝平壌宣言」は〝降伏文書〟

あの二〇〇二年九月十七日の日朝首脳会談で金正日はこう釈明した。

「自分としては、七〇年代、八〇年代の初めまで、特殊機関の一部が英雄主義、妄動主義に走ってこういうことをおこなってきたというふうに考えている」

あくまでわれ関せず、他人ごとのような口ぶりであるが、そうだとして、英雄主義、妄動主義に走らせたのは、ほかでもない後継者の地位を盤石にする「成果」を急いだ金正日である。その工作任務を崇高なものとしてたたえていたではないか。ちなみに、日朝首脳会談について金正日は平壌では、こう言っている。

敬愛する最高司令官同志は、対朝鮮敵視政策に固執していた日本軍国主義の頭目が頭を下げて、まずもってわが国を訪ねてきたことは歴史に特筆される大事変だ、これはわが党の先軍政治の偉大な勝利だ、とおっしゃった。このたびの日本の総理の平壌訪問は、日帝が一九四五年八月十五日、偉大な首領さまの前にひざまずいたごとく、いま一度、白旗を掲げてわが国を訪ねてきて、敬愛する最高司令官同志の前でひざを屈し、降伏文書に判をついたようなものである。朝日平壌宣言の採択について世界はすべてそう認定している。

これは日朝首脳会談の翌月、二〇〇二年十月に朝鮮人民軍出版社が出した兵士向けの講演テキスト「変遷する情勢に階級的識見と革命的原則をもって鋭利に対しよう」に掲載されていたものである。原文では「総理」や「日本」のあとに必ず「ノム」がくっついている。朝鮮語で相手を見下す言葉「野郎」「奴」の意味である。この平壌サイドの身勝手で、かつ失礼千万な認識は重々、知っておく必要があるだろう。

第八章・美貌のテロリスト

老父は枕を高くして

すべてはこの日のためであった。はるか異国、ハバロフスクのソ連軍キャンプでなく、革命の聖地、白頭山の密営で生まれたことにしたのも、天才少年だと宣伝したことも、仙術づかいのスーパーマンになったことも。

一九八〇年十月十日、平壌の二・八文化会館（現在の四・二五文化会館）で朝鮮労働党第六回大会が開幕した。本来なら、政治や経済など国家の基本課題を討議すべき場であるが、この党大会は金正日にとっては一世一代の晴れ舞台であった。党創建三十五周年も兼ねていた。なにせ党大会の参加者は六千人、五大陸百十八カ国から百七十七代表団がやってきた。慶祝の平壌市民パレード百万人、マスゲーム五万人、夜会一万五千人、打ち上げる花火は一万発、大同江に浮かぶイルミネーションつきの船三百隻……。まるでオリンピックか、はたまたサッカーのワールドカップである。一大イベントであった。

金日成、金正日がひな壇に現れるや、総立ちの人々による万歳の歓呼の声に揺れた。そして金日成が党大会の開会を宣言するや、場内には「インターナショナル」が響きわたり、つづいて金日成が事業の報告をする。この間の「輝かしい成果」を総括し、党と人民が進むべき道を明らかにした綱領的課業を提示した。なんと六時間にもおよぶ精力的な報告だった。幹部向けの金正日伝『白頭山の息子』は書いている。報告をしたさいのテーブルの高さがちょうどよく、原稿が読みやすかった、と。それは八月から金正日がわざわざこの日のためにテーブルを特注させていたのだ、と。鼻白むばかりの孝行息子の美談であった。

さて、党大会は最終日を迎える。十月十四日午前、党中央の指導部の選挙がおこなわれ、その結果が発表された。金日成を党中央委員会の総書記に再び推戴し、金正日を党中央委員会政治局常務委員会委員、党中央委員会書記、党中央軍事委員会委員に選出したのだった。出来レースであるとはいえ、その瞬間、大会場は熱狂的な歓呼に包まれた。金正日はのちに幹部らに殊勝なことを言った。「私はこのたびの朝鮮労働党第六回大会で私にたいする人民の期待がいかに大きいかを感じました。首領さまの私にたいする大きな期待もです。私はその期待に応えるため、すべてを捧げるつもりです……。ひと言で言えば首領さまの開拓された主体の革命偉業を代を継いで完成することが私の目標のすべてです。これが首領さまに、党に、同志たちに固く約束する私の誓いです」

やれやれ、やっとのことで金正日はデビューしたのである。粛清につぐ粛清、いくたの革命の同志を葬った血ぬられた花道をへて、とうとうここまできたのである。金王朝にとって、これ以上の慶事はまたとなかった。むろん父である金日成の喜びは尋常ではなかった。『白頭山の息子』はその思いをこう伝えている。

わが党の歩みのなかでもっとも意義深い歴史的な大会になった。われわれはこの党大会でもっとも大きな問題を解決した。金正日同志を指導部のメンバーに選び、公布したのだからな。わが人民はむろん、南朝鮮人民と外国人がみなよくやった、南朝鮮人民はわが民族の大きな幸運であり、新しい力を得た、といっていた。外国人はわが党をたいへんうらやましがった。外国の代表は私に、金正日同志に会わせてほしい、金正日同志にお越しねがいたい、と申し込んできた。これはとてもいいことだ。私はじつにうれしい、私はこのごろ、足をのばしてゆっくり寝ておるよ。

七十歳を目前にしたひとりの老革命家の偽らざる気持ちである。おしまいに「足をのばしゆっくり寝る」とあるが、原文の朝鮮語は「パルピョンジャム」。枕を高くして寝るといったニュアンスで、心の底からの安寧をいう言葉である。北朝鮮で使われる、この「パルピョンジャム」に金日成の万感の思いがこもる。とにかく、この第六回党大会は、万世一系を宣言したに等しい金王朝の世界へのお披露目であり、金日成―金正日二人は晴れて平壌の表通りを歩けるようになったのである。とっくの昔にスターリン通りは消えてしまっていたけれど。

世界一、主体性ゼロの広告塔

かくして、とにもかくにも後継者として認められ、表舞台にデビューした金正日、だが一九八〇年代、いったい、いかなる仕事をしたのか。四十代、男の働き盛りである。これまでたびたび引用してきた幹部向けの金正日伝『白頭山の息子』二巻も第六回党大会の記述で終わっている。白峰社版『金正日伝』をひもといても、これといってない。ひたすら退屈な記述が続く。あるのは相も変わらぬ金日成をたたえる大記念碑の建設ラッシュ。一九八二年四月十五日の金日成古希の誕生日に向け、平壌は突貫工事の槌音が鳴り響き、除幕式、竣工式が相次ぐ。

主体思想塔。夜は烽火が燃えあがる。

ひとつは主体思想塔である。大同江のほとりにそびえ建つ世界一の石造タワー（キューバのホセ・マルチ塔より六十メートル高い）である。高さ百五十メートル、ちょっと見た目はろうそくふうの京都タワーっぽくもあるが、平壌のタワーは仏教ならぬ主体思想の炎がめらめら、その烽火《のろし》部分だけでさらに二十メートル、電飾がついていて、夜、電力不足の平壌でも赤々と燃えあがる。この塔、驚くべきことに金日成の生誕七十周年にちなんで、二万五千五百五十個（三百六十五×七十）もの花崗岩を積み上げた。それも七十の段からなっている。彼の功績を記した碑文は、その誕生日（四月十五日）にあわせて高さ四メートル、幅十五メートルにした。ご苦労である。ここまで凝りに凝ると、むしろ安っぽく、滑稽にすら感じるのが普通だが、金正日はそうではなかった。彼の感性は知っておくべきである。

いまはすっかり観光名所である。私もエレベーターでするする、この世界一のタワーにのぼらせていただいた。展望台には東京タワーや通天閣のようなお土産コーナーこそないが、平壌が一望できる。整然としすぎてはいるものの、美しい。緑も多い。日本人相手のガイドは日本人妻の高希星さんが担当している。いかに平壌で幸せに暮らしているかをつづった『私の人生の転換期』（平壌出版社、一九九七年）なる自伝があって、読ませてもらったが、残念ながら当局によって書かされたものだった。主体性ゼロ。彼女自身もまたこのタワー同様、広告塔をさせられているのである。

キム・イルセン、ソ連に連れられて〝凱旋〟

もうひとつは凱旋門である。一九四五年十月十四日、金日成が抗日パルチザン闘争をおえて帰国後、平壌市民を前にして演説した牡丹峰《モランボン》競技場（金日成競技場）前の十字路に建っている。高さ六十メートル、幅五十メートル、パリの凱旋門より十メートル高いのが自慢である。正面と裏面に「金日成将軍の歌」の一節と二節の歌詞が刻まれている。アーチ式の門の縁にはまたもや生誕七十周年を記念して、七十のツツジの花をあしらい、柱には金日成が万景台をあとにして、祖国に凱旋するまでの期間を記す「１９２５」と「１９４５」の二つの年が記されている。二十年の留守の間に日本と戦い、そして解放したというのである。

　ここもすっかり観光名所である。バスツアーよろしく、案内されるや、ガイドは案の定、パリの凱旋門を引き合いに出して、満足げである。実際、感嘆を禁じ得ない。りっぱである。りっぱすぎるのである。そもそも凱旋という言葉からして、いかがなものか。金日成が帰国したのは解放から一カ月もたった九月十九日、元《ウォン》山《サン》の港に着いたソ連軍用艦「プガチョフ」号からおりたったのである。ソ連軍の軍服を着た三十三歳の白面の青年が金日成であった。金日成総合大学の一期生で、いま韓国に住む趙慶《チョウギョン》哲《チョル》さんに聞いたことがある。

「私は平壌第二公立中学の三年生、十六歳でね。あの日、噂で聞いていた金日成が現れるというので、自宅から五、六百メートルほどのところ

パリの凱旋門をもしのぐ平壌の凱旋門。

にある松林のなかの運動場にいったんだ。みな手に太極旗をもってね。牧師だった民族主義者の長老、曺晩植《チョマンシク》先生が鉢巻き姿で演説された。死ぬまでに祖国解放を見ることはないだろうから、墓の前に大きな目玉を彫った碑を建てるように頼んだ。いつか解放のときがくれば、その目玉で見たかったからだ、とおっしゃってね。群衆は大喝采を送った。先生は眼鏡を落とされた。興奮されておられたんだな。そして、ソ連進駐軍を代表してレベジェフ少将が、キム・イルセンだといって紹介したのが金日成だった。イルソンじゃなく、イルセンと発音していたな。想像していた金日成は年配だったから、どういうことなんだ、とみな口々に言っていた。それでも群衆は熱狂した。私もそうだったよ」

私が歴史の生き証人、趙慶哲さんにお目にかかったのはつい最近である。東京に来られたとき、立ち寄る新宿のスナックで、ときにカラオケに興じながら、お聞きした。自伝『失郷民《シルヒャンミン》』(イースト・プレス、二〇〇六年)を出版されたばかりで、そこにも貴重な証言が盛り込まれている。一九二九年平壌生まれ、金日成総合大学に在学中、反体制運動で逮捕・投獄され、臨津江《イムジンガン》を越え韓国へ、そこで朝鮮戦争が勃発し、ソウルは陥落。戦功ありでマッカーサーと握手し、陸軍士官学校で全斗煥《チョンドゥファン》、盧泰愚《ノテウ》を教えたかと思えば、アメリカに留学し、理学博士、政治学博士に。いや、すさまじき波乱万丈の人生、北朝鮮で生き別れた弟とも半世紀ぶりに再会を果たしたらしい。

そんな趙慶哲さんが、あの日の牡丹峰競技場での独立運動家、曺晩植の演説が忘れられないというのである。むろん主人公の金日成も演説した。「力のあるものは力で、知恵のあるものは知恵で、金のあるものは金で、民族・民主を愛する全朝鮮人は一致団結して民主自主独立国家を建設しようではないか」。だが、曺晩植は米ソ共同委員会による信託統治に反対し、収監され、粛清される。あのゴージャスな凱旋門は、そうした歴史は一切、語らない。もし平壌に曺晩植の墓があって、大きな目玉を彫った碑もあったなら、怒りと、涙に打ち震え、またもトレードマークの眼鏡を落とすにちがいない。

そんな「活動」は伝記に載せられない

あとは、いったい、なにをしたのか。人民大学習堂、金日成競技場、蒼光院《チャングアンウオン》（ヘルスセンター）、氷上館（スケートリンク）はつくった。そしてまた映画と演劇指導に明け暮れた。たったひとつ社会科学院民族古典研究所の手によって『李朝実録』のハングル完訳をなしたことは高く評価できる。だが、ほかになにをしたのか。いくら金正日伝の頁をめくっても、ひっかかってこない。せっかく後継者となって、どうしたいのか、そのプランが見えてこない。不思議な空白が続く。平壌ではやっている歌になぞらえれば「どこにいらっしゃるのですか、いとしい将軍さま」。

見えないはずである。対南工作、テロを画策し、さらには軍備増強、ミサイル、核兵器の開発に時間と金を費やしていたのである。脂ののりきった金正日が全身全霊で打ち込んでいたのは正史には載らない活動だったのである。

朴正熙暗殺に乗じて

振り返ってみれば、あの金正日がデビューした第六回朝鮮労働党大会のあった一九八〇年、韓国は激動の年であった。その前年の一九七九年十月二十六日、大統領の朴正熙は韓国中央情報部（ＫＣＩＡ）の宴席で、中央情報部長の金載圭《キムジエギュ》に射殺される。かつてないほどの民主化運動の高揚で、釜山《プサン》や馬山《マサン》で大規模な反政府デモがおき、国中が騒然としていた。部下の撃った一発の銃弾が強権でもって知られた朴正熙をあっけなく倒した。だが、銃弾でもたらされた「ソウルの春」はそう長くは続かなかった。その年の暮れの粛軍クーデター、翌年五月の軍事クーデター、そして光州《クアンジュ》事件をへて軍部の全斗煥が全権を掌握し、そのまま大統領の座についた。ソウルは混乱していた。

第六回党大会のメーンイベントは金正日のお披露目だったが、それとともに大胆な一国家二制度の「高麗民主連邦共和国」構想も発表し、韓国に揺さぶりをかけることは忘れなかった。すでに南北の経済格差は歴然で、広がるばかりであった。ソウルの政情不安は平壌にとって、自国の優位を宣伝するまたとない絶好のチャンスと映ったはずであった。「赤化統一」の野望すら捨てていなかったのだから。金正日は入念なテロ計画を練っていたのである。

まず世界を驚かせたのは一九八三年十月九日、ビルマ（ミャンマー）を訪問中の韓国の全斗煥大統領一行が、ラングーンの国立共同墓地内アウンサン廟で爆弾テロに遭遇、四閣僚をふくむ十七人が爆死した事件である。東南アジアに北朝鮮の工作ネットワークがはりめぐらされていたのである。私はある在日商工人が平壌で工作員教育を受け、東南アジアの某島に入って、中国経由で本国の指示を仰ぐよう命じられた、との証言を得ている。この商工人は結局、身の危険を感じて動かなかったが、なんらかの活動拠点のひとつだった可能性がある。ビルマ政府は朝鮮人民軍の工作員の犯行と断定、外交関係を断絶した。もし、あのテロで全斗煥を殺害していたら、南北関係はどうなっていただろう。民主化運動に再び火がつき、ポスト全斗煥をめぐって事態は収拾不能、その機に乗じて……。金正日はどんなシナリオを描いていたのだろうか。

そして、もっとも世界を震撼させたのがソウル・オリンピックの妨害を狙った一九八七年十一月二十九日の大韓航空機爆破事件だった。乗員・乗客百十五人を乗せたバグダッド発ソウル行き大韓航空機八五八便がビルマ沖で消息を絶ち、経由地のアブダビで降りた日本の偽造旅券をもった不審な男女が拘束された。

二人はバーレーンで取り調べ中、服毒自殺をはかり、男は死亡した。「蜂谷真由美」を名乗る女は一命をとりとめ、ソウルに移送され、自らを北朝鮮工作員、金賢姫《キムヒヨンヒ》である、と告白した。「オンニ、ミアネ（お姉さん、ごめん）」。南山《ナムサン》の地下取調室で女性捜査官にそう言って、すべてを供述しはじめた。発展したソウルの町並みを見てのことだった。平壌で聞かされていたのとはまるで違った。

美貌のテロリスト、金賢姫の語った、この未曾有《みぞう》の破壊工作の全貌は驚くべきものだった。「南朝鮮の傀儡《かいらい》どもが二つの朝鮮策動をしているのでこれを防ぎ、敵に大きな打撃をあたえることにある」。金正日の親筆指令であった。彼女の手記『いま、女として』（文春文庫、一九九四年）によれば、平壌出発前の宴席で、担当の部長はこう言っている。

「今回の任務には指導者同志〔金正日〕の関心が高い。かならずまっとうして無事に復帰することを待っています。偉大なる首領〔金日成〕と親愛なる指導者同志の信任と配慮で、南朝鮮解放のための戦士として敵の背後に向かう同志たちの健康を祈ります。また、あたえられた任務が成功裡に遂行されることを祈りながら、乾盃！」

金正日の関与はただならぬものがあったと想像される。

妨害むなしく、オリンピックは大成功

あの事件の少し前、私は大阪から釜山へ向かう大阪国際フェリー「おりんぴあ88」に乗っていた。就航記念号であった。その名の通り、オリンピックを契機にして日本からの観光客をあてこんでのものだった。玄界灘の海原をいく大型フェリー、その夜、私は酒を飲みながら、取材にやってきていた韓国人記者たちとおしゃべりをしていた。そのなかのひとりに東亜日報社会部の記者がいた。名刺を交換し、またソウルで会いましょう、と言って別れた。明け方はもう韓国だった。ところが、大韓航空機事件で、東亜日報が大スクープを放った。その筆者が彼だった。アブダビで降りた日本の偽造旅券をもった不審な男女が拘束された、の一報、まさに事件の核心であるそのニュースをもたらしたのだった。日本でいえば、経産省担当の記者だった。遠くの事件が一気に引き寄せられた気がした。

あの日のことも覚えている。ソウル・オリンピックの開催が決定したのは一九八一年九月三十日だった。まだ学生だった私は韓国の新聞社の大阪支社でアルバイト記者のようなことをしていた。「ウリナラ（わが国）、すごいじゃないか！」。あの日のスタッフの、それこそ弾けるような笑顔は忘れられない。いくら「漢江の奇跡」だといっても国際的な舞台で韓国の位置づけはまだまだ低かった。苦しく、辛かった植民地時代のころからがすべて走馬灯のように思い

出され、涙ぐむスタッフもいたほどであった。裏を返せば、あのとき、平壌で金正日はどう感じていたか……。朝鮮労働党第六回大会で正式に後継者としてデビューしたばかりである。ソウル・オリンピックが開かれれば、南北の経済格差はむろん、国際的な力の差が歴然としてしまう。彼は許すわけにはいかなかったのだろう。それから六年の間、あらゆる妨害工作を検討したにちがいない。

だが、史上最大級のテロ工作は、あまりにもむごたらしい結果を残しただけで、金正日の思惑ははずれた。中国、ソ連もソウル・オリンピックへの参加を表明した。そして史上最大規模のスポーツ祭典は成功裏に終わった。

第九章・檀君発掘

朝鮮人のすっぴん姿にのけぞる

ソウル・オリンピックから三年、ソ連が崩壊した。一九九一年十二月二十五日のことであった。「資本主義」対「社会主義」の対決にピリオドが打たれた。皮肉にもその前日の十二月二十四日、金正日は朝鮮人民軍最高司令官に推戴され、有頂天であった。実母、金正淑の誕生日にもあたるその日、彼は飲み仲間の幹部らを集めて、平壌で翌未明まで大宴会を催している。いよいよ軍を握った彼は、この夜、改めて決意したにちがいない。核とミサイル開発に拍車をかけねばならない、と。

私が初めて平壌を訪れたのは、ちょうどその前夜ともいえる一九九一年の晩秋だった。二週間ばかり滞在していたから、さまざまなところをのぞいた。さまざまな人間にも会った。だが、それらをひっくるめて、私の印象に強く残ったのは、案内員らの鋭く、陰険な監視の目には辟《へき》易《えき》したものの、社会主義が溶解していくという未曾有の危機のなか、なんとまあ、能天気な、のんびりしたものよ、と思ったことだった。ホテルのロビー、大同江のほとり、あるいは路地裏の公園……、そこに広がっていたのは弛《し》緩《かん》だった。ホテルのレストランは夜、生バンドがはいって、ショーパブになる。ミラーボールの光のくずの下、踊っているのは上等のドレスで着飾った五、六歳の女の子だった。テーブルには日本のビールが並び、両親は娘の姿に目を細めているのだった。スキャンダラスなものを見たというより、ああ、ここは朝鮮だな、と思った。

明けて一九九二年四月十五日、またもや十年ぶりの節目がやってきた。金日成八十歳の誕生日である。ところが、ど派手な主体思想塔や凱旋門を建てた七十歳のときに比べれば、じつに質素なものであった。堅実だった。平壌市内に五万世帯の住居を建て、児童、生徒、労働者に服をプレゼントした。金日成からの人民への下賜であった。すべてをアレンジしたのはむろん金正日であった。そこには経済の破綻《はたん》、人心の離反など微妙な動揺が読み取れる。金日成は傘寿のころから筆を進めていた回顧録『世紀とともに』の出版をはじめた。

金日成の誕生日の二カ月前の二月十六日、金正日は五十歳の誕生日を迎えていた。真偽のほどは不明だが、平壌の金正日伝によれば、金日成はこの日を民族最大の名節として祝日にする中央人民委員会の政令に署名したが、金正日がこれを制止し、発表されなかった。公開されたのは一九九五年、金日成の死後であった。プレゼントはこればかりではない。なんと二月十六日の朝、執務室で息子の誕生日を祝う頌詩をしたためたのである。それも漢詩である。かつて毛沢東は詩をよくした。なかなかの腕前であった。あるいはそれにならったのか。それは老いたひとりの朝鮮人が後事を息子に託す、精いっぱいの姿であった。親ばか丸出しであった。

白頭山頂正日峯

小白水河碧渓流
光明星誕五十週
皆賛文武忠孝備
万民称頌斉同心
歓呼声高震天地

白頭山頂に　正日峰そそり立ち
小白水の碧き流れ　よどみなし
光明星誕生し　いつしか五十年
文武忠孝兼備せるを　こぞって称えけり
万民称賛の心　ひとしくして
歓呼の声　天地をゆるがす
(日本語訳は『金正日略伝』外国文出版社、二〇〇一年)

この漢詩がすべてである。もはや、なにものかをかなぐり捨て、そこには、ただすっぴんの金日成がいる。抗日パルチザンの英雄の顔はない。朝鮮戦争を指揮した最高司令官の顔はない。

金日成の漢詩は正日峰のふもとに刻まれている。(『鋼鉄の霊将』)

主体思想をかかげる社会主義者の顔もない。そして、その詩を、はは一っとばかり、このうえもない贈り物だとしてありがたく受け取って、さらなる忠誠を誓う金正日もまたすっぴんである。鋼鉄の霊将の顔はない。平壌ウオッチをしていると、ソウルウオッチも一緒なのだが、たまにあっけらかんとしてすっぴんの姿を見せられ、のけぞる瞬間がある。それこそ、朝鮮人の地が見えた瞬間である。それを見たかどうかで、彼らをとらえる基本スタンスが変わってくる。突き詰めて言えば、彼らを愛せるか、否かである。

私は愛せる。いや、愛さなければわからないから愛するのである。韓国に亡命した朝鮮労働党元書記、黄長燁さんは言っている。

わたしはある日の朝、金日成の献詩なるものをファックスで受け取って唖然とした。わたしがいつも考えていたことは、歴史を欺くことはできないということであった。金日成が金正日の生家をつくり上げ、頌詩を書いたことは、かれの生涯最大の過ちの一つであろう。そしてかれがどうしようもない俗物であることを、あますところなくさらけ出した歴史的証拠となるだろう。(『金正日への宣戦布告』)

その通りである。だが、その俗物を知らねばならない。さらに、その俗物をあますところなくさらけ出さねばならない。それは黄長燁さんにはつらく、できない仕事である。民族の恥を思うからである。金日成、そして金正日の統治は明らかに恐怖の統治である。それだけではない。近代的なるもの、むろん民主主義的なるものも知らず、ひたすら李朝の民のごとき純真なままの人民を愚弄し、でっちあげの神話を信じさせる。それがもうかれこれ六十年である。脱北者の悲劇とともに彼の国にとどまっている天真爛漫の笑顔こそ、悲劇である。ソ連の崩壊後、この悲劇はひどくなる。金日成、そして金正日の神格化はさらにわれわれの理解から遠ざかっていく。

龍は飛び、天女は舞い、サンチュは芽を出す

一九九〇年代に入って、平壌で金正日の伝説集が盛んに出版されだした。本屋に『白頭光明星伝説集』シリーズが並んでいる。革命の聖地・白頭山に現れた光明星、つまり金正日にまつわる荒唐無稽な伝説を紹介したもので、幼児向けの絵本もあれば、大人向けの読み物まである。著者はキム・ウギョンなる人物で、肩書は「収集者」。あくまで実際の言い伝えを聞き書きしたスタイルをとっている。どんな中身なのか、ページをくってみると――。

まずは金正日の誕生日である。一九四二年、天の神が新しい聖人（金正日）を白頭山に降臨させる日を臣下と相談する。春が胎動する二月、それも先代の二聖人（金日成と金正淑のこと）

とも第三月曜日生まれだから、十六日がいいとなる。二一六と数字を並べると、なぜか二十一世紀のスタートを象徴する、新世紀を照らす太陽の意味になる、と神は解説するのである。のちに臣下が、聖人の降臨した峰の高さが二一六・四二メートルだった、と知らせると、神は、そらみなさい、聖人の誕生日ははるか昔から一九四二年二月十六日と定まっていたのだ、と大いに満足するのである。

もはや金正日の出生地をこっそりソ連のキャンプから白頭山に移し替えたインチキどころではない。インチキのうえのインチキだから。これほどのインチキになるともはや罪でなくなる感じがする。法螺《ほら》に近い。それにしても収集者、キム・ウギョンさんの苦労がしのばれる。でも、いいかげんである。そもそもこの伝説、東洋の神仙世界を舞台にしているくせに、西暦やメートルがこともなげに使われているのもいただけない。まるで一寸法師を「三・〇三センチ法師」と言っているみたいである。

最新の金正日伝説集『天のみぞ知る』（文学芸術出版社、2006 年）。とにかく神仙世界がお好きなようで。

こんな伝説もある。白頭山山麓の住民

が森に迷い込むと、そこに十六人の神仙が降りてきた。これまた十六日とのこじつけにすぎないが、神仙は金正日の生まれた丸木小屋に最敬礼する。するど、その小屋を護衛する将帥の手にしていた剣が筆に代わり、さらさらやると、エゾマツに文字が浮かび上がる。〈朝鮮よ、白頭光明星の誕生を告げようぞ〉。これを読んで、幼いころ見た琵琶湖のほとり、大津の秋祭りを思い出した。山車《だし》のからくり人形で、神功皇后が弓で岩をなぞると、文字が浮かんでくるのだった。〈三韓之王者〉。まさか「三韓征伐」の主人公のまねなどするわけないだろうが。

また、金正日の生まれた年はいつになく暖かく、山頂の湖が割れ、水柱があがり、龍が空へ飛んでいったという。かと思えば、天女が舞い降りてきたともいうではないか。大津祭りにもそんなのがあった。桃源郷もあったし、江戸のユートピアを凝縮した、それはなかなか見応えのある祭りだった。なんだかこの伝説集は、江戸時代の感覚がどこかにまとわりついている。

そして伝説集は金正日少年の超能力ぶりを描く。時間を縮める「縮時法」を身につけ、龍馬に乗って空をも駆ける。いまは日本でもおなじみ、焼き肉を包んで食べる葉っぱのサンチュ、父の好物だったこのサンチュは高地の白頭山では育たなかったが、金正日が種をまくと、これまた芽を出したというのである。他愛のない話も満載である。

さて、伝説集にあしらわれた挿絵がまた古色蒼然、雲上で仙人がなにやら思案したりしている絵柄である。いやしくも現代の国家指導者の誕生からしてこんなふうでいいのかしらと思ってしまう。大阪市立大学大学院教授の野崎充彦さん（朝鮮古典文学）に聞いてみた。「中国や朝鮮では昔から王が神秘化されてはいましたが、朝鮮王朝も後期になれば、さすがに合理化されてきたんですがねえ。この伝説集では神を玉皇上帝と呼んでいますが、これは道教の最高神です。中国の北宋時代に朝鮮に入ってきた道教思想が共産主義を標榜する北朝鮮の民衆レベルで息づいているのはおもしろい。朝鮮時代の有名な小説、洪吉童《ホンギルトン》伝には土地の距離を縮める縮地法が出てきますが、この伝説集にある縮時法はそれをイメージしていますね」

ということは、キム・ウギョンさん、あながちデタラメではなかったのか、それなりに朝鮮民族の伝統を踏まえて創作しておられたわけである。だが、この伝説集を貫いているのはズバリ、反日、そして反米である。

たとえば、金正日の誕生を境にして日本各地で火山が噴火したというのである。それもあろうことか、阿蘇山から桜島、三原山、富士山など五十余の火山がつづけざまに爆発、地震も頻発する。これに恐れをなした昭和天皇は白頭山に現れた光明星のしわざにちがいない、と現地に大軍を派遣するものの、巨大な盾と無数のやりで全滅させられてしまう。また、日本軍が抗日パルチザンを率いる金日成を追跡したものの、大きな水たまりにはまって部隊は壊滅する。

生き残った大将が双眼鏡で白頭山を見ると、金日成と幼い息子がにらみつけており、次の瞬間、空から火の玉が落ちてくる。その年、大日本帝国は滅ぶのである。

米国防総省のコンピューターから予言の声が

なかなかの空想力である。それは潜在意識の発露であって、正直に自己願望をつづっているともいえる。こうあってほしかった、こうあるべきだった、と。だが、現実は、そうではなかった。それを伝説集を読むことで溜飲をさげているのである。二〇〇六年に出たシリーズ最新刊は、さながら反米伝説集である。イラク戦争後、対決色を強めているからだろう。収集者はチェ・ソンジンなる二代目に変わった。こんなへんてこな伝説である。

米軍が北朝鮮と戦争をするにあたって金正日の知略を調べるため「K・J・I（金正日）戦略研究所」に研究させた。回答は「天のみぞ知る」であった。むろん、そんな研究所はありもしないが、伝説はわけもなく「K・J・I」の謎解きにかかる。天の国の王が言うには、ラテン文字の順序に従って緯度を文字におきかえると、朝鮮はK・J・Iの緯度の帯に入る。白頭山はK、平壌はJ、韓国はIにあたる。「これは将来、統一朝鮮の首領さまとなる方のご尊名の略字となるのである」と予言する。米国防総省の職員が、その地図を見ると、はたして朝鮮はK・J・Iの緯度に入っているのを知って、驚くのである。

もうひとつ、こんなものもある。

米国防総省が対北朝鮮戦争シミュレーションを練った。最先端の大型コンピューターの答えは「卵で岩を砕くようなもの」。いくらやっても「卵―米国、岩―朝鮮」である。金正日の情報を集めるべくコンピューターを駆使しても「偉大性」に関するものだけが流れる。電源を切ると、画面は消えないどころか「二十一世紀の人類の前途を照らす太陽・金正日将軍」の赤い文字が現れ、「米国は滅ぶ」という声が鳴り響く。故障は直らず、そのまま奥の部屋に隠した。その故障の理由があとでわかる。

調べてみると、米国がシミュレーションを開始したとき、白頭山にある正日峰ではにわかに雷鳴がとどろいたというのである。天が生んだ偉人の中の偉人、金正日の故郷を守っている正日峰が怒号を発したのだった。そして、米国防総省のコンピューターに不思議な現象を起こしたのである。いまもその部屋のコンピューターからは「米国は滅ぶ」との予言の声が絶えず鳴り響いているという。

ホラーである。もうひとつだけ、紹介しておく。核爆弾が出てくる。

平壌を訪問したカーター元米大統領、テレビで目にした金正日から兵士に与えられた自動小銃が気になった。将官とともに警備艇に乗って海に出た。兵士が小銃の実演をした。すると、近くにある岩がたった一撃で粉々になってしまった。元大統領も試してみたが、岩はびくともしなかった。将官は言った。「将軍さまが兵士に与える双眼鏡と自動小銃は仙術を生む。その自動小銃を毎日、一度触ると、その手で射撃をすれば、ほかの銃や武器にも仙術が宿り、核爆弾よりも威力を発揮するのです」

元大統領が帰国したあと軍事境界線付近で米国の戦闘機が撃墜された。それもあの金正日から下賜された自動小銃だったのである。米国の研究チームがその理由を調べたが、わからずじまいだった。そこである予言者が出てきた。その予言者は金正日の仙術にかかって米国が滅ぶ正確な日にちまで予言したが、米国の政治家と軍部はその予言が巷に漏れるのを恐れていまも極秘にしているという。

ここ掘れワンワン、あーら不思議

もうどうにでもなれ、といった感じがするのである。世界のなかでの孤立はむしろ、開き直りとなって平壌に出現する。あろうことか、こんどは神話を現実にしてしまった。

それは聞きしにまさる巨大なピラミッドであった。ここはエジプトのギザではない。北朝鮮の平壌、朝鮮の始祖とされる檀君《タングン》の陵墓である。観光バスに揺られ、田んぼのなかに忽然と現れたピラミッドを前にして、私は思った。ははーん、これは究極のテーマパークだ、と。敷地は五十ヘクタール、墓の底辺はそれぞれ長さ五十メートル、九層になっていて、その高さは二十二メートルある。敷地の広さは世界最大の仁徳天皇陵をもはるかにしのぐ。とにかく、やたらでかい、でかい。

カーター元大統領も仰天、銃で島が吹っ飛んだ!?

あれは金日成が亡くなってまだ間もないころだった。一九九四年八月二十八日の「労働新聞」に「壮大に造営される檀君陵」と題する記事を見つけた。

〈わが国の始祖王である檀君陵を発掘、考証するようになされ、半万年のわが民族史を正しくとらえておられる偉大な首領さま〔金日成〕におかれては、檀君陵と関連して数十回の教示をなされ、檀君陵改築で出された問題をひとつずつ解決された。偉大な首領さまにおかれては、檀君陵をわが民族の始祖王らしく大きな規模で特色あるように建設するよう教示され、半万年を数えるわが民族の悠久性とすばらしい文化が世界中に光り輝くようにされた〉

あくまで金日成の遺訓だと強調しているが、完成予想図とともに掲載されたその奇妙な記事を読んだ私は、これも金正日のプロデュースだな、と直感した。

それにしても懐かしかった。檀君なんて学生時代、京城帝大出の韓国文学者、金思燁《キムサヨプ》先生（松本清張さん、司馬遼太郎さんとも親しくされておられた）の文学史の講義で習って以来である。むろん神話として、である。十三世紀の高麗時代の野史『三国遺事』に初めて登場する檀君、ざっとこんな物語である。

昔々、天帝の息子、桓雄《ファンウン》が人間社会を救うために太白山《テベクサン》頂の神檀樹に降り立った。ある日、熊と虎が桓雄の前に姿を現し、人間にしてほしい、と頼んだ。桓雄は、その願いを受け入れたが、百日の間、洞窟の中でニンニクとヨモギだけを食べて過ごすように命じた。虎は数日で耐え切れずに逃げ出したものの、熊は熊女という人間になった。その熊女が再び桓雄を訪ねて結婚、二人の間に生まれたのが檀君である。檀君は即位して五十年後に平壌を首都に定め、国号を朝鮮とした。治世は千五百年におよんだ。のちに山神になったが、その寿命は千九百八歳だったという。

その神話上の朝鮮の始祖がなんと実在の人物であったというのだから驚きである。現人神《あらひとがみ》、金日成のツルのひと声で、ここ掘れワンワンとやったら、あーら不思議、檀君の骨が出てきたとさ。平壌放送が檀君の遺骨が発掘された、と興奮気味に伝えたのは、まだ金日成存命中の一九九三年九月二十八日だった。男女一体ずつ、きれいな骨であった。科学的な年代測定で五千十一年前の骨と判明し、檀君とその妻だと断定した。さらに陵の周辺からは古朝鮮時代の城址や遺物が発掘されたとも報じた。

平壌でもらった檀君陵のパンフレット。巨大なピラミッドがそびえ立っている姿は異様である。

金日成はこの檀君にことのほかご

執心だった。平壌の考古学者とも交流のある日本の研究者が言っていた。「一九八〇年ごろにも金日成が檀君の骨を探せ、とはっぱをかけたと聞いています。そのときは見つからず、あきらめたと思っていたんですがね。還暦をすぎたあたりから金日成は古代史に関心を示すようになり、あれこれ学者に指示をしていたそうです。困ったでしょうね。五千年前の人骨なんて常識ではありえませんが……」

そもそもこの檀君神話、朝鮮がモンゴルの侵略に苦しんでいたころに広まった。自分たちは神の子孫であるという矜持《きょうじ》、そして同じ祖先から生まれたのだという共同体意識、それらを植え付けるためで、まさに神頼みで乗り切ろうとしたのだった。古代史好きの金日成がこれに目をつけたのはうなずけなくはない。だが、いったん断念したはずの檀君プロジェクトがなぜ、再び動き出したのか――。

かつて金思燁先生に教わったのは、神話にこめられた古代東アジアを舞台にした壮大な物語だった。朝鮮語と日本語との比較研究もしていた先生は、その音韻の類似に注目していた。檀君神話で重要な意味をもつ「クマ（熊）」は朝鮮語で「コム」といい、それは日本語の「カミ（神）」につながる。アイヌ語の「カムイ」も同じだ、と。それこそ大いなるロマンを感じたものだが、それがここ掘れワンワンになるとは、どうしてだったか。

檀君陵が世界の中心

国外搬出禁止の本『主体革命偉業の偉大な領導者金正日同志5　偉大な人間』（朝鮮労働党出版社、二〇〇二年）を読んで、びっくりした。一九六一年一月のある日に語ったとされる金正日の話が出ている。まだ十八歳である。

……敬愛する金正日同志は、それまでだれも明らかにできなかった檀君神話の本当の意味について鋭い分析をされた。その当時、多くの人々は檀君神話を荒唐無稽だとばかり言いつのっていた。それを聞いた金正日同志は檀君神話で、天帝の息子が降臨してきたことや、熊が洞窟で祭祀をとりおこない、女に変わったというのは、つくり話ではあるが、それについて虚無主義的に解釈してはだめだとおっしゃり、神話にこめられた科学性とその深い意味をひとつずつ解かれたのだった。

金正日同志は檀君神話は建国神話のなかでもっとも古代の性格をおびていて、檀君の父が神と描写されていることをみれば、この神話は母系社会から父系社会への移り変わる歴史を反映し、ニンニクとヨモギの話は原始農業の発生をみせている、とおっしゃった。そして、神話と伝説はこのように古代社会のありさまを反映しているので、それは荒唐無稽ではなく、科学的伝説性をおびている、と述べられた。あれから三十年たって、檀君は平壌に生まれ、古朝鮮国家を建てた実在の人物であったことが確認されたのである。

そして、こう言うのである。

……檀君陵は東方の強盛大国古朝鮮の気性にふさわしく雄大に改築され、わが民族の悠久性と単一性を重視し、わが人民の民族的矜持と自負心を高めた。

一九九四年十月十一日、檀君陵の竣工式が盛大におこなわれるや、しきりに檀君は朝鮮の始祖であり、金日成は社会主義朝鮮の始祖である、そんな教化がはじまった。新しい憲法にも「始祖」の言葉が見える。

すっかり観光名所然とした平壌のピラミッドには女性ガイドがいた。パンフレットを配り、「労働新聞」や平壌放送をなぞって一心不乱に解説している。「本当に、そんな骨が出てきたんですか？」。無駄とは承知でつっこみをいれると、顔を真っ赤にして、ケシカラン、と怒られた。土産を買った。「檀君陵指示器」とある。なんのことはない、手のひらにのるほどのサイズの磁石である。東京、大阪、ロサンゼルス、トロント、ユジノ・サハリンスク、ハバロフスク、延吉、瀋陽、モスクワ、北京、メルボルンの地名が盤にあり、自分のいる場所をセットすると、磁石の矢印が檀君陵をさす。地球のどこにいても檀君、すなわち祖国がわかる。愛国などというものともどこかちがう、強烈な自己中心主義、どうしようもない痛ましい孤立を感じさせた。

彼の国にあっては、神話にしろ、伝説にしろ、映画にしろ、演劇にしろ、どれもみな人民の教化のための道具である。そこにもうひとつ、歌がある。人びとはとにかく歌が好きである。じつによく歌い、踊る。祝日の平壌は大城山《テソンサン》公園に足を運んでみられよ、弁当を広げ、チマ・チョゴリを身にまとったおばさんたちが民謡をうたい、ひらひらと手をふり、腰をくねらせているはずである。金剛山《クムガンサン》にのぼってみられよ、旧式のラジカセを風呂敷に包んだ青年学生たちが軽やかに革命歌謡を口ずさんでいるはずである。夜、平壌の路地裏にあるカラオケ屋をのぞいてみられよ、美人

檀君陵指示器。彼の国の自己中心主義を「かたち」にしたものである。

接待員をはべらせ、在日のビジネスマンが日本の演歌をうなっているはずである。これらすべてを私はしっかりこの目で見た。

一九九一年、平壌から人気の普天保電子楽団が日本にやってきた。朝鮮総連は動員をかけコンサート会場は超満員になる。やらせである。だが、彼女らの天女のごとき歌（それがたとえ金正日万歳！一色であっても）を聴いているうち、われしらず席を立ち、踊り出す。それもやらせだ、と言いたいところだが、やらせではない。朝鮮民族のＤＮＡが騒ぐのである。これはどうしようもない。かく申す私も平壌ウオッチをやりながら、ついつい平壌の歌をうたってしまうときがある。

「私の初恋は音楽です」

だから、断言できる。彼の国の為政者たるもの、歌をないがしろにできない、と。それに映画づくりも、神話づくりも、歌がなくてはならない。金正日は、そのことを知り尽くしている。彼は「音楽政治」ともっともらしいことを言っている。キム・ドゥイル著『先軍時代偉人の政治と歌』（文学芸術出版社、二〇〇二年）は、その音楽政治なるものを知るほとんど唯一の文献である。キム・ドゥイルは作詞家であり、金正日のそばで三十年にわたって音楽ブレーンをつとめてきたらしい。幹部学習用のこの本にこんな言葉があった。

〈私の初恋は音楽です〉

数ある金正日の「お言葉」のなかでも刺激的なひと言である。どういう意味？　キム・ドゥイルはこう解説している。

歌は自然を変革し、社会を改造する人びとの労働の過程で生まれ、生活のなかで発展し、すべての人間の親しい友として生活に温かい熱情と豊かな情緒をあたえ、躍動する精気をあたえてくれる。将軍さま〔金正日〕は生活に歌がなければ花のない花壇のようなものだ、とおっしゃった。将軍さまは歌と音楽をそのように重視され、それを初恋とみなされ、変わらぬよう愛されているのである。

あまりたいしたことではない。だが、金正日は歌にこだわる。一般歌謡だけでなく、革命歌劇の歌、児童歌謡にいたるまですべてをいちいち聴いてチェックしている。こういうことにはまめである。彼は言っている。「これから私の仕事の範囲がさらに広がって、その量が膨大になれば、かなりの部門を私が直接指導できなくなる。だが、音楽だけは永遠に私が直接担当し、指導し、検閲する」。一国の政治家としてなすべき仕事のプライオリティーがむちゃくちゃである。音楽くらい任せてもよさそうなものだが、そうではない。映画もそうである。いみじくも自ら告白している通り、彼の頭は音楽でいっぱいであって、アーチスト気取りなのである。得意の分野を政治に利用しようというわけである。

『先軍時代偉人の政治と歌』には触れられてはいないが、私の取材によれば、この音楽政治には金正日の妻、高英姫が深くかかわっている。彼女はもともと万寿台芸術団の踊り子で、そちらの世界に顔が広い。とりわけ朝鮮人民軍功勲合唱団に影響力があるとみられている。尊敬するオモニムキャンペーン特集の掲載された兵士向けの雑誌「軍人生活」(二〇〇二年十月号)に、「金正日将軍の歌」誕生にまつわる逸話が紹介されている。軍の指揮官が金正日に「金正日将軍の歌」の完成を報告するや、彼はしかる。「だれがこんな歌をつくれと命令したのか」と、容認しなかった。同席していた高英姫がとりなした。「私はこの歌が必ず軍隊から出てくるだろうと信じていました。偉大な将軍さまの頌歌は銃身から出てこなければなりません。私はこの『金正日将軍の歌』を支持します」。これは「金日成将軍の歌」が誕生するとき、妻の金正淑がサポートした故事をなぞっている。

合唱団とオモニムが「先軍」を担う

この朝鮮人民軍功勲合唱団の幹部らが偽名で日本に来ていたことを公安当局は把握している。それは高英姫の使いをも兼ねていたのだった。さまざまな高級品を買って帰国している。尊敬するオモニムキャンペーンをとりしきったのは朝鮮人民軍総政治局、そのトップは趙明禄《チョミョンロク》、金正日の側近中の側近である。軍が高英姫をもり立てる、それは後継者を軍が認知していることを暗に示唆しているのではないか。高英姫が軍へのお返しをした形跡がある。歴史あるこの軍楽隊の名称が二〇〇四年の夏、突如として変わったのである。朝鮮人民軍功勲国家合唱団になった。その裏に高英姫がいた、とささやかれている。たんなる名称変更などありえない国である。ましてや「国家」なる言葉を挿入するとはどうしたことか？　私はあやしい、とにらんだ。軍楽隊はあの先軍神話の重要な担い手である。

尊敬するオモニムキャンペーン特集を組んだ「軍人生活」。高英姫と軍部の関係がかいま見える。

タバクソル哨所　訪ねられ
空にも　海にも　みな行かれ
その懐に兵士ら　みな抱かれ
幸せな話　花が咲く

最高司令官　金正日将軍
一番だ　一番だ　ああ一番だ

なんでもないこの歌、先軍時代の幕開けの音楽だ、と金正日が誇る「われらが将軍さまが一番だ」の一節である。メロディーは覚えやすい昭和歌謡っぽいアレンジ、それを歌うのが朝鮮人民軍功勲国家合唱団である。将軍さまヨイショの歌を、あるときは荘重に、あるときは軽快に歌い上げる。『先軍時代偉人の政治と歌』に金正日の思いが載っていた。

〈私は仕事がたまって疲労が重なったとき、功勲合唱団の公演を見たりしたのです。そうするとすぐに頭がすっきりし、力がわいてくる〉

歌は、人民だけでなく、首領をも慰めているのである。

第十章・キネマの王国

金賢姫、女優デビュー

これまで私なりに金正日の人生を追ってきた。革命神話にまみれた英雄、金日成の息子に生まれ、その後継者となるべく、自らも神話にくるまれ、やっとのことで最高権力者のポストについた。粛清を繰り返し、テロを仕掛け、拉致をし、核兵器、ミサイルをつくってきた。そして、ポスト金正日である。そのために先軍なる新たな神話をあみだし、いままたその進行形である。彼に休息はない。

だが、独裁者は孤独である。そんな彼を支えたものはなんだったのか。これからも支えるものはなんなのか。裸の王さまを守っているのはいったい、だれなのか？　金正日の見えざる人脈、ネットワークこそ知りたい。どこかにそのヒントは隠されていないのか？

あった。私は彼の国の神話を一つずつ解体しながら、ずっとひっかかっていた。あの大韓航空機爆破事件の底知れぬ闇である——。これまで多くのジャーナリストがその真相を追ってきたが、ひとりも胸のつかえはおりていない。私もケナリ（れんぎょう）の咲き乱れるソウルの山小屋で、事件の犯人、金賢姫にインタビューを試みたことがあるが、その闇にまで迫れた自信はない。北朝鮮の犯行であることは疑う余地はないが、では金正日が事件にどうからんでいたのか、それが見えてこない。日本人拉致事件に通じる隔靴《かっか》搔痒《そうよう》の感がある。平壌はいまだに

「南のでっちあげ」の一点張りである。事件は風化しつつあるが、私は改めて洗い直した。そして、そこにある補助線を引いてみて、はっとした。これだ！　と思った。

映画だった。

どうして気づかなかったのだろう。ちゃんと書いてあるではないか。灯台下暗し、である。金賢姫の手記『いま、女として』に、彼女が人民学校（小学校）のころ、映画「社会主義祖国を訪ねた栄秀《ヨンス》と栄玉《ヨンオク》」に出演したとさりげなく出ている。ベストセラーにもなった手記に明記されているのに、これまでだれも注目しなかった。私もインタビューのとき聞いておけばよかったと悔やまれる。手記で映画のあらすじを彼女が説明している。

栄秀と栄玉は、地主の家で作男暮らしをする父のもとに生まれた。二人の父は病いにたおれて早くに亡くなり、寡婦となった母のもとで大きくなったが、地主の家の犬の餌を見てさえも唾をのみ込むほど飢えに苦しむ。母親は父親の遺言にしたがい、栄秀を中学校に入れようとあらゆる苦労に耐えぬく。栄秀はソウルに行き苦学をして中学を終え大学に行くが、四・一九（韓国に於ける一九六〇年四月十九日の学生革命）と六・三デモ（一九六四年六月三日の日韓条約反対のデモ）で、先頭に立って闘争して警察の手配を受けることになった。

彼は逃げまわったが、常日頃敬慕していた金日成のいる北朝鮮に栄玉を連れて行く。北朝鮮では栄秀は金日成総合大学に入り、栄玉は教育大学に入学した。勉強している間、南朝鮮で漁師をしている母方の叔父が暴風雨にあい北にたどりつき、彼らは感激の再会をした。叔父は南朝鮮に帰るとき、栄秀に、

「私たちはなぜ、離ればなれに生きていかねばならないのか」

と泣き叫ぶ。

総合プロデューサーは金正日

はたして金賢姫がいうように「社会主義祖国を訪ねた栄秀と栄玉」なる映画はあったのだろうか？　あれこれ調べてみたら、たしかにあった。事件のおきるはるか以前に出た『文学芸術事典』（社会科学出版社、一九七二年）にはこうある。

天然色広幅芸術映画。一九六九年、朝鮮芸術映画撮影所、白頭山創作団製作。解放後、まったく違った道を歩んできた南北朝鮮の現実を大叙事詩的画幅で紹介しながら、朝鮮人民の本当の祖国はわが人民の偉大な首領金日成同志がつくられた社会主義祖国、朝鮮民主主義人民共和国だということを伝えている。

作品は主人公の深い体験世界を通し、共和国北半部人民たちが民族の太陽であられる金日

成同志がつくられた社会主義制度下でうらやまぬものなく幸せに生きている半面、南朝鮮人民たちは米帝の植民地略奪政策によって虐待を受けていることをなまなましく描き、米帝国主義者たちこそが、わが人民の不倶戴天の敵であることを明らかにしている。

この解説は不十分である。だが、金正日の還暦を記念して幹部にのみ配られた内部資料『二十世紀文芸復興と金正日』に詳述されていた。それによると、この映画はもともと「三千里錦繡江山」のタイトルだった。麗しい朝鮮をあらわす古くからの美称である。製作の指令がでたのは一九六七年五月、あの「甲山派」を粛清した朝鮮労働党中央委員会第四期第十五回大会で「唯一思想体系」が確立され、金日成の神格化が急速に進められようとしていたころである。そのしょっぱなの作品であった。金正日はこう言っている。

芸術映画「三千里錦繡江山」はどこまでも唯一思想教育に積極的に寄与する作品にしなければなりません。映画では抗日革命闘争と祖国解放戦争でなしとげたわが人民の輝かしい勝利が反映されなければならず、戦後、焼け跡のなかから社会主義の楽園を築いた誇らしい闘争を反映しなければなりません。とくにこの映画では偉大な首領さまを奉じ、革命をおこなうわが人民の民族的矜持と自負心を激情高くうたい、首領さまがわが革命と建設の陣頭指揮をとられておられるかぎり、わが人民はいつも勝利し、祖国を統一し、金銀財宝あふれる三千里国土に永遠無窮の幸せな暮らしがあるのだということを示さなければなりません。

この映画にかける金正日の情熱はすさまじかった。彼が映画の指導をはじめたのは一九六四年の「成長の途上にて」からだった。すでに八十本ほどの映画を撮っていたが、この映画は別格だった。あらすじから、フィルム（初のシネマスコープだった）、野外ロケや音楽にいたるまでいちいち口を出し、徹底的に練りあげた。韓国の四・一九のデモのシーンでは「死」を強調しないように直させたかと思えば、挿入歌が少なすぎる、と文句を言ってもいる。その現地指導を〈わが国映画芸術の歴史と世界映画芸術の歴史で前代未聞の革命実録が生まれた日々であり、千万の人びとの心の琴線にふれる革命逸話が生まれた日々だった〉。なんとも大げさな表現で書いた。

映画は一九六九年十月十日、朝鮮労働党創建二十四周年の記念日に完成し、これを見た金日成は大いに満足した。そしてタイトルを「三千里錦繡江山」から「社会主義祖国を訪ねた栄秀と栄玉」に変えさせた、と伝えている。それほどまで入れ込んだ映画、記念碑的作品の総合プロデューサーであった金正日が金賢姫を知らなかったのか？　子役とはいえ、主人公である。注目し選びに選んだ美少女である。結論から言えば、金正日は金賢姫を知っていたのである。

ていたのである。

消された美少女

金賢姫は書いている。

平壌に帰り何日もすぎないうちに、また地方撮影があった。今度は咸興《ハムフン》と新義州《シニジュ》方面に長期撮影を行なったが、子役としては私と栄秀役の男の子だけが同行した。小さな女の子は私ひとりなので、俳優たちはもちろん、後方部（補給担当）のお姉さんも私を可愛がってくれた。（略）

咸興から車で何時間かさらに奥に入り、片田舎の村に泊まったとき、演出家が、良い演技をするには家族の情を互いに感じなければといって、母親役の梁恵蓮《ヤンヘリヨン》と栄玉の大人役趙昌林《チヨチヤンリム》を一部屋で一緒に寝るようにさせた。

この記述を裏付けるくだりが『二十世紀文芸復興と金正日』にあった。一九六八年八月十二日、金正日は咸鏡南道《ハムギヨンナムド》の咸興にある野外撮影所を訪れ、撮影シーンをひとつひとつ指導し、演出家らに歴史的な談話をおこなったとある。金正日はこう言っている。「俳優は演技ではなく、現実のように行動しなければならない」。まさしく金賢姫の手記のままではないか。彼女の記憶は正確である。

さらに資料を探した。そしてついに写真集『文学芸術の大花園』(文学芸術総合出版社、一九九五年)に、この八月十二日の野外ロケのスナップ写真が収められているのを発見した。白い開襟シャツにサングラス、ズボンのポケットに手を突っ込んだ金正日が写っていた。

金賢姫はいなかった。ところが、次のページをめくって、私はあっと息を飲んだ。そこに見開きで不可解きわまりない写真が掲載されていたのである。『二十世紀文芸復興と金正日』によれば、金正日は野外ロケの翌十三日夕、滞在していた招待所に映画の創作団メンバーを呼んでいる。おそらく食事に招いたのだろう。そのときに撮った写真である。床は大理石が敷き詰められ、豪華な雰囲気である。前列中央に金正日、その向かって左隣は母親役の梁恵蓮、そしてひとりおいて右隣は栄玉の大人役である趙昌林とみられる。主人公の栄秀は後列中央あたりに立っている。なぜか、金賢姫、そして栄秀の子供役を演じた男の子の二人だけがいない。おかしい。

だが、よく見ると、まさに後列に二人分の不自然なスペースが空いている。修整の跡がありありである。栄玉の大人役である趙昌林のクロスさせている足の後ろには、女性の足がかすかに写っているようでもある。これはなにを意味するのか?　金賢姫を消したのではないか、と

野外ロケの現地指導をする金正日。

なぜか金賢姫がいない。（上下とも『文学芸術の大花園』）

私は思っている。彼女に確認できればいいが、いまはなかなかかなわない。歯がゆい。韓国の情報機関関係者は言った。「われわれも、あの映画を探したんです。おそらく朝鮮総連なら持っているんじゃないかってね。でも、結局、見つからなかった。この写真は初めて見ますが、たしかにおかしい。ここに金賢姫が写っていた可能性は十分ある」

むろん私も映画「社会主義祖国を訪ねた栄秀と栄玉」が見たい。見れば、平壌がかたくなに大韓航空機爆破事件の関与を否定する謎が氷解するはずである。平壌がかかわりをあくまで否定するなら、ぜひ自ら公開していただきたい。それにしても、この大人役の栄玉、われわれの印象にある事件当時の金賢姫と同じ年格好のせいもあってか、よく似ている。映画をチェックできていないので、これ以上は慎む。だが、私は確信している。あのころ、金正日は金賢姫に会い、その後もずっと記憶の奥底にとどめていただろう、と。

二十年後に再指名

金賢姫は手記でこう書いている。

その後、撮影所からまた「ある自衛団員の運命」に出演してくれといってきたが、今度は母も説得に屈しなかった。撮影所の人もやはり簡単には引きさがらず、説得作戦をくりひろげた。

「この映画はとても重要な映画で……」

彼は金正日の名前まで出し、あとでは脅迫するように説得したが、父に一度叱られている母はうなずかなかった。翌日も撮影所では車を迎えによこし、一方的に私を連れて行こうとしたが、母は私を近所の家に隠してしまった。何日間か撮影所ではしつこく人を寄こしたが、母が固く断り、その後私は映画とは完全に縁が切れた。

だが、金正日との縁は切れなかった。二十年後、こんどは女優としてではなく、テロリストとして彼女を指名したのである。もし金正日とのインタビューがかなえば、私がまっ先に問いただしたいのが、このいきさつである。金正日は映画マニアだ、映画オタクだと揶揄《やゆ》するむきがある。たしかにそうかもしれない。だが、それだけではない。金正日伝は金正日と映画の歴史である。切っても切れない。若いころからなじんだ映画の世界は、金正日にとってはなんでもかなう夢の世界だったのだろう。軍隊はおっかない。映画は楽しい。「親愛なるウップン(上のお方)」などと持ち上げてくれる。うれしい。そして作品ができる。父がほめてくれる。うれしい。のめりこんでいったのは、わかる気がする。

なにをなすにも金正日はまず映画人脈、そのネットワークを使ってきたのである。日本人拉致事件についても、曽我ひとみさんの夫のジェンキンスさんは映画「名もなき英雄たち」などに出演していた。日本の捜査当局もつかんでおらず、拉致被害者名簿にも載っていなかった曽我ひとみさんの拉致を自ら明かしたのは不思議なことだった。拉致告白は金正日にとって大きな賭けであった。決意するまでになにがあったかは知る由もないが、私は映画人脈が動いた気配を感じている。

映画で人生を狂わされた人々

ところで一九八〇年代、北朝鮮の映画界に一陣の旋風が吹いた。「申《シン》フィルム」の設立である。金正日が映画にのめりこめばのめりこむほど、彼はその作品の水準が世界レベルに達しないもどかしさに内心、忸怩《じくじ》たる思いを抱えていた。金正日の結論は理不尽にも拉致であった。一九七八年、韓国のトップスター女優、崔銀姫さん、続いて夫で著名な映画監督の申相玉さんを香港から拉致し、一気に巻き返しを図ろうとした。ちょうど日本人拉致が頻発していた時期であった。申さんは二度にわたって逃亡を試みたが、監禁される。のちに体制に忠誠を誓い再会した二人は金正日の意をくんで、再び映画製作をはじめる。「申フィルム」を設立し、ハンガリーのブダペストを拠点に活動したのだった。

金正日は大いに喜び、破格の待遇を与えることにした。「申フィルム」として一九〇七年のハーグ密使事件を題材にした「帰らざる密使」、さらに平壌版ゴジラ映画と評された「プルガサリ」などを発表、国際的な賞も受賞した。だが、しょせん、かごの鳥生活にはちがいなかった。夫妻は脱出のチャンスをうかがい、ついに一九八六年、ウィーンでアメリカ大使館に駆け込む。Uターン亡命などともいわれたが、彼らの手記『闇からの谺《こだま》』(文春文庫、一九八九年)は一級の価値がある。ベールに包まれた彼の国の権力中枢の腐敗、さらには人間・金正日をあますところなく活写しているからである。金正日は夫妻に語っている。

今わが国の映画の状態は、(というより)過去のわが国の映画の状況というのはどうかというと、ソ連に留学してきたもの、それもやはり五〇年代、だから天然色映画というのが五〇年代に出て、広幅映画(シネスコ)というのが、ほぼ五〇年代末、六〇年代初めに導入され、そのときわが国の人たちは広幅映画の撮影法も知らず、わが国の人たちがまた映画の演出というのも、やはり呉〇〇、千〇〇という人たちですが、最高だという人々もやはりソ連に行って実習し、あとはここの人民芸術大学を出たんだが、ほとんど使いものにならない。

拉致の目的として遅れた自国の映画を立て直してほしい、と懇請しているのである。そして注目すべきは、広幅映画(シネスコ)に言及している点である。そう、あの金賢姫が出演した映画「社会主義祖国を訪ねた栄秀と栄玉」である。途中から急にシネスコで撮ることになって、わざわざ撮り直しまでした、と彼女の手記に出てくる。さまざまな断片がつながってくる。つなぐのは映画である。

その映画さながら、波乱万丈の生涯だった申相玉さんが二〇〇六年四月十一日、亡くなった。一九五二年に監督デビュー、名作「赤いマフラー」「李朝残影」などのメガホンをとった韓国映画界の巨匠の死であった。その運命を狂わせたのが、いっぱしの映画人気取りの金正日だった。彼はほしいものはすべて手に入れたくなるのだ。きかん坊なのだ。その犠牲者のひとりになったのだった。

あれは一九九八年九月、私は滞在先の米ロサンゼルスから東京に立ち寄った申相玉さんに会った。夫人も一緒だった。オープンしたばかりの六本木にある韓国家庭料理店でみそチゲなどを囲みながら、あれこれ思い出をうかがった。「金正日はいい映画をつくりたかったんだ。それは本当だった。でもなあ……、いま、平壌で僕の映画は見られない。あの『プルガサリ』もね」。さみしそうだった。露骨な体制批判は聞かれなかった。それより、わが運命を呪いながらも、手塩にかけた作品の運命をこそ思う、その顔に映画人の意地を見た思いだった。あの『闇からの谺』をむさぼり読みました、と伝えたら、わが民族の悲しい歴史だ、とぽつん。あとはただただ飲んだ。

その死について、平壌のホテルで申相玉さんに会ったこともある在日の映画人はこう言った。金正日の映画を支えてきたひとりである。「悼む？　いやいや、彼は祖国を裏切った恩知らずだよ。ずっと彼を助けてきた親友は、あの亡命騒動で酒びたりになって、死んだんだからね」。南北分断の影がのぞく。

王子はエリック・クレイトンに夢中

ここにメモがある。

〈ギターリスト、エリック・クレイトン
日本公演一番近いの　NHKで放送したもの　ビデオがほしい　2001年　1999年　1995年　1993年　1991年　1998年〉

これはその申相玉さんの死を「祖国を裏切った恩知らずだよ」と言ってのけた在日映画人の走り書きである。映画を補助線にすれば、さらに奇怪なものが見えてくる。ときは二〇〇三年の夏にさかのぼる――。

北京での六カ国協議（八月二十七～二十九日）のさなか、東京でコンサートのビデオを必死に探し回っている男がいた。くだんの在日映画人だった。手にしていたのがこのメモだった。いうまでもなく、ギターの神さま、エリック・クラプトン。だが、メモには「エリック・クレイトン」とある。それが、だれなのか知らなかったのである。この映画人は平壌から指示されたリストをもとに映画フィルムやテレビのビデオ、CDなどを精力的に集め回っていた。九月九日の建国五十五周年までに祖国に送りたい、そう周囲にもらしていた。その一本がクラプトンの日本公演であった。

仲介を頼まれた人物は吐き捨てた。

「あきれて、すぐ断りました。クラプトンのブルースは最高だけど、だいたい彼の国ではブルジョア音楽だって批判されるんじゃないんですか？　それを自由に聴けるのは将軍さまか、その息子らロイヤルファミリーでしょ。そういうお金はちゃんとあるんだ。そもそも核の平和解決の道を探ろうとしているときに不謹慎。クラプトンを聴きたいなら、国際社会の不安を解消してからにしてほしい」

この在日の映画人のリストには、北野武監督の映画やNHKの人気番組「プロジェクトX」も入っていた。それもまだDVD化されていないものまで含まれていた。私はこうした摩訶不思議な事実を毎日新聞でリポートした（二〇〇三年九月五日付夕刊特集ワイド）。あれから三年、思いもかけず、エリック・クラプトンと平壌がつながったのである。

二〇〇六年六月十五日夕のフジテレビのスーパーニュースで、金正日と高英姫との間の息子で、有力後継者と目されている正哲の映像が流れた。フジテレビのカメラがとらえたのは、あろうことか、ドイツでクラプトンのコンサートに熱中している正哲であった。スクープ映像だった。熱烈なファンであることを物語るクラプトンTシャツにジーンズ、しかも女優のごとき美女を伴って。さらに薬指には、そろいのリングまで。王子さま(若いころの金日成に似ている)の、あまりの奔放なふるまいに仰天したのだが、それにもまして、ぞっとしたのは映画人とのつながりの深さ。あのクラプトンのビデオを探し回っていた在日映画人はつまり、金正日とそのロイヤルファミリーの使いをやらされていたわけである。だから必死で探していたのだった。

映画人はすべてを知っている

どこでどうヒントを得てくるのか、金正日はあるとき、電子音楽に凝りだす。シンセサイザーである。一九八五年に万寿台芸術団の若手を引き抜き、普天堡電子楽団なるお抱え女性ユニットをつくった。平壌のテレビ、ラジオはむろん、ホテルのロビーでも終日、このユニットの曲が流れていた。歌声はかわいいのに伴奏はどこかの温泉旅館の生バンドのノリだった。そして、やたらと響く電子音。ところが、その電子音がぴたっと鳴りやんだ。金正日の招待を受けて平壌などで公演した歌手の金蓮子《キムヨンジャ》さんにインタビューしたが、金正日はこう言ったらしい。「これからはアコースティックの時代です」。しぶいことを言うな、と思った。だが、その意味がわかった。息子の正哲お気に入りのクラプトンが従来のエレキから一転、一九九二年の「アンプラグド」を皮切りにアコースティック旋風を巻き起こしたのである。

それにしても、とまた思う。金正日が映画の世界に足を踏み入れたのは一九六四年であった。もうずいぶん時は流れた。反党・反革命分子のレッテルを張って、追放した人間も数知れないが、それでもなお、彼がもっとも信用し、心を許しているのは映画人たちである。彼は、いや金王朝は、すなわちキネマの王国ではなかったのか、とすら思う。彼はせっせと神話をつくり、自画像を膨張させ、あげくに自身でバランスがとれなくなってしまった。映画人たちはすべてを知っている。知られていてもいいほどの信頼がある。あの大韓航空機爆破も日本人拉致も、その他あらゆる工作は、このネットワークが基礎になっているのではないか。驚くべきことである。核やミサイルに関連する不正輸出にもかかわっている可能性がある。

そういえば、テポドン2号で日本中が上を下への大騒ぎをしていたころ、平壌で一本の映画が封切られ、過去最大の観客であふれ返っている、とのニュースを耳にした。タイトルは「ある女学生の日記」。金正日がプロデュースしたものであった。新しい時代を感じさせる映画である。そしていま、平壌で流れている歌謡曲は「わが国の青い空」。一九八〇年代につくられ、金正日、そして亡くなったとされる高英姫の好きだった歌である。

テポドンを抱いた金正日はどこへ行こうとしているのか。

オリンピック・テロ	1981	9.25	高英姫、正哲を生む
		9.30	ソウル・オリンピック開催決定
	1982	4.15	金日成古希に合わせ、主体思想塔や凱旋門が完成
	1983	1.8	高英姫、正雲を生む
		10.9	ラングーン事件
	1984	夏	金日成に背広をプレゼントし、自らは一生ジャンパーを着ると宣言
	1985		金正日、普天堡電子楽団結成
	1987	9.26	高英姫、ヨジョンを生む
		11.29	大韓航空機爆破事件
冷戦終結・檀君発掘	1991	12.24	金正日、軍最高司令官に推戴
		12.25	ソ連崩壊
	1992	2.16	金正日50歳の誕生日。金日成、この日を祝日にし、頌詩を贈る
	1993	9.28	平壌放送、「檀君の遺骨発掘」報道
		11	朝鮮総連の機関誌に高英姫の父を讃える伝記「祖国は忘れない」掲載
最高指導者就任・先軍	1994	6.15–18	金日成・カーター会見
		7.8	金日成死去
		8.28	労働新聞、「壮大に造営される檀君陵」掲載
		10.11	檀君陵竣工式
	1995	1.1	金正日がタバクソル小哨を視察
		4.28	アントニオ猪木が「平和のための平壌国際スポーツ文化祝典」を開催
	1997	2.12	黄長燁亡命
	1998	4.25	労働新聞社説で「先軍」が初めて登場
		8.31	テポドン1号発射
		9.4	朝鮮中央テレビ、「人工衛星打ち上げ成功」と報道
		9.5	憲法改正により、金正日が国防委員長として国家の最高権力者となる
	1999	6.16	金正日「党事業」35周年に合わせ、労働新聞と党理論誌「勤労者」に「わが党の先軍政治は必勝不敗だ」を発表
	2000	6.13–15	金正日・金大中、南北首脳会談
オモニムキャンペーン・日朝首脳会談	2002	4.25	金正日、軍創建70周年閲兵式に臨む
		4.26	金正日、マスゲーム「アリラン」観覧
		5.16	労働新聞が「タバクソル」神話を公表
		8	「尊敬するオモニムは敬愛する最高司令官同志に限りなく忠実な忠臣中の忠臣であられる」刊行
		9.17	第1回日朝首脳会談
		10	兵士向けテキストにて、「(小泉首相が) ひざを屈し、降伏文書に判をついた」と表現
			雑誌「軍人生活」に「金正日将軍の歌」誕生のエピソード掲載
	2003	6.28	金正日、秘密演説で「革命の首脳部」を害そうとする動きに警告
		6.29	朝鮮人民軍功勲合唱団による「先軍長征の道」を観覧
		7.2	労働新聞、金正日が高英姫の父を回想する記事を掲載
		8.27–29	北京での六カ国協議
新たな世襲への道	2004	5.22	第2回日朝首脳会談
		6	高英姫死亡説流れる
		秋	「金正日の肖像画撤去」の報道
	2006	6.3–7	金正哲、ドイツでエリック・クラプトン鑑賞
		7.5	テポドン2号発射

本書関連年表

	年	月　日	出来事
建国と戦争	1942	2.16	金正日誕生（1941年とも）
	1946	1.1	金正日、金日成とともに万景台を訪れる
	1948	9.9	北朝鮮建国
	1949	9.22	母、金正淑死亡
	1950	6.25	朝鮮戦争勃発
粛清・映画活動開始	1953	6.16	高英姫、生まれる
		7.27	朝鮮戦争休戦
		7.30	南労党粛清
	1956	2.14	フルシチョフのスターリン批判
		4	朝鮮労働党第3回大会で、ブレジネフが党報告を批判
		6−7	金日成、ソ連・東欧歴訪
		8.30−31	8月宗派事件（「個人崇拝」を批判したソ連派・延安派を粛清）
	1961		成蕙琳、映画「分界線の村で」で主役デビュー
	1963	6.5	金正日、朝鮮芸術映画撮影所を現地指導
			成蕙琳、「百日紅」出演
	1964		成蕙琳、「人民教員」出演
		3	金正日、金日成総合大学卒業
		6.19	金正日、党中央委員会で事業を始める
	1965		成蕙琳、「温井嶺」出演
		11.10	中国で「新編歴史劇『海瑞免官』を評す」発表。文化大革命の始まり
個人崇拝	1967	3−	甲山派粛清
		5.25	金日成、「5・25教示」で個人崇拝を推進
	1968	8.12	金正日、映画「社会主義祖国を訪ねた栄秀と栄玉」野外撮影を指導
		8.13	金正日、「社会主義祖国を訪ねた栄秀と栄玉」創作団スタッフと会食
	1969	10.10	映画「社会主義祖国を訪ねた栄秀と栄玉」完成
	1970	9	金正日、副部長昇進
	1971		高英姫、平壌音楽舞踊大学を出て、万寿台芸術団に入る
	1972	4.15	金日成還暦
		4.22	金日成、抗日パルチザン闘士らと後継者問題を話し合う
		4.24	万寿台の金日成像除幕式
		7.4	南北7・4共同声明
		10	金正日、党中央委員会委員に選出
	1973	7−9	高英姫、万寿台芸術団公演で来日
		7	金正日、部長昇進
		9.3	金日成と金一首相、後継者問題について話し合う
		9.4	金正日、党中央委員書記選出
後継者に選出・拉致	1974	2.13	金正日、政治委員に選出。「後継者」となる
		2.19	金正日、「全社会を金日成主義化しよう」演説
	1977	11.15	横田めぐみさん拉致
	1978		田中実さん他日本人、金英男、申相玉他韓国人を次々と拉致
			金正日、三池淵の巨大記念碑建設命じる
			映画「名もなき英雄たち」シリーズ開始
			金正日、革命演劇「城隍堂」制作を推進
	1979		高英姫、金正日と暮らし始める
		10.26	朴正熙暗殺
	1980	10.10−14	金正日、正式に「後継者」に選出。表舞台にデビュー

あとがき

暑い夏だった。それを金正日がなお暑くさせた。テポドン2号の発射である。ああ、やってくれたか、という思い、だが、それと同時に、なぜ？ の思いも強かった。さらば国際連盟――、そう勇ましく言い放ってわが外務大臣・松岡洋右は議場をあとにした。一九三三年のことである。日本はそのまま戦争へと突入し、自滅の道をたどっていく。あのころの日本とだぶって見えなくもない。北朝鮮もこのまま国連脱退、核実験、そして……、戦争を覚悟し、打ってでる腹づもりなのかどうか。そこまではないだろう。したたかに生き残り策を見いだしていくにちがいない。なぜなら金正日の足跡をみよ、涙ぐましく、そして無慈悲で恐ろしいまでの執念をみよ、こうまでして手に入れたものをみすみす手放すはずはない。金王朝を滅ぼしたくはないはずである。だが、追いつめられればわからない。

かつて私が大阪外大朝鮮語学科にいたとき、教授はよく言っていた。「あのなあ、朝鮮モンダイは盆暮れ論や」と。なるほど、朝鮮モンダイはまるで盆や暮れのようにきまった周期でうねりをみせ、そして冷めていく。いまや朝鮮モンダイは三百六十五日の論になった。年がら年じゅう朝鮮モンダイである。それも金日成大旦那が黄泉の国へ旅立ち、息子の金正日旦那の御代になってからである。私のごとき浅学非才がテレビのコメンテーターに引っ張り出されるとは、学生のころ、大阪は鶴橋のホルモン屋で飲んでくだをまいていた身としては、ほっぺたをつねりたくもなる。私がいったい、なにを知っているというのか、ロクに勉強もしなかった落ちこぼれ朝鮮語学徒がエラソーにしゃべることなどありもしない。

だが、朝鮮モンダイが三百六十五日の論になってしまったからには、逃げ通すわけにもいかない。恥ずかしながら、朝鮮史を一ページ目からめくっているありさまである。朝鮮語辞典はようやくぼろぼろになってきた。そしてせっせと古本屋に通い、なじみのおやじに聞くのである。「なんか、ええの入ってません？」。この本を読んでお気づきかもしれないが、前著の『金正日と高英姫　平壌と大阪を結ぶ「隠された血脈」』（イースト・プレス、二〇〇五年）同様、古本屋めぐり（といっても数軒に限られているが）で掘り出した資料によって書けたところが多い。そろそろ決定的な資料が出てくるはずだが……。

韓流ブームが目の前を疾風怒濤のごとく通り過ぎていく。ただ、茫然と見送るしかない。さよなら、ヨン様――。韓国にはもう長いこと行っていない。あまり行きたいと思わない。かつてはほろ酔いでソウルを歩くのが楽しかった。夕暮れに「和信百貨店」の赤いネオンがうかぶと、気もそぞろ、ポジャンマチャ（屋台）をひやかし、武橋洞の劇場式レストランでポンチャクポンチャク、歌謡ショーをたっぷり味わって、あとは、むにゃむにゃ。一九七〇年代から一九八〇年代、ソウル・オリンピックまでのソウルが懐かしい。平壌には行きたいが、ビザが出そうにない。この本を読んで金正日が招いてくれるかどうか。

ところで、今村鞆《とも》という人物をご存じだろうか。植民地時代、朝鮮を研究した在野の民俗学者である。号は螺炎《らえん》。私はひそかに「元祖朝鮮オタク」と呼び、私淑しているが、この螺炎先生、朝鮮人参の研究だけで全七巻の本にしたというから、すさまじきパワー、京城の自宅はそれこそ本の山、夏はフンドシ一丁で執筆にいそしんだ。愛すべき奇人である。その先生の著書に『歴史民俗朝鮮漫談』（非売品）がある。手元にあるのは昭和五年の第二版、そこにこんなくだりがある。

〈首鼠《しゅそ》両端を持する事は、新羅以来、朝鮮の外交国是として屢《しばしば》執った所の方針である。夫《そ》れは弱国として止むを得ざる所であった。今日でも猶《なお》、此の余臭が潜在して居る〉

「首鼠両端を持す」とは、『広辞苑』にも載っている。ネズミが小さい穴から首を出してきょろきょろあたりを見る、そしてまた首をひっこめるという意味である。膨大な文献を渉猟し、朝鮮八道をくまなく歩き、朝鮮人と酒をくみかわし、学び遊んだ朝鮮学の大家の絞り出すようなこの言葉は、いまもなお、そのまま通用するのではないかと思う。金正日の行動、とりわけ瀬戸際外交、テポドン発射などの軍事挑発などをながめていて、そう感じること切である。螺炎先生いまありせば、彼の国、そして金正日をいかにご覧になり、喝破されたか、想像するだけで愉快である。

さて、偉大な（だめだ、平壌の本を読み過ぎた！）螺炎先生の鼻クソにも満たない私に金正日伝を書け、と文春新書の深田政彦さんから電子メールでのご注文、聞けば、毎日新聞の読者、それも私の記事を注目して読んでいただいたとなりゃ、その夜は、すぐに赤ちょうちん（毎日新聞火曜日夕刊にコラム「今夜も赤ちょうちん」を連載しているんです）。そこで、酔っぱらったいきおいで、やりましょー、といともあっさり答えた、とか。そして、そのまんま、紀尾井町にある招待所へ。世にこれをカンヅメというらしい。探訪記者の生き残りとしては、これもまた愉しからずやで。

フンドシ一丁、やっとこさでなんとか書きあげてみれば、金正日伝とはほど遠い、なんともけったいなものになった。まあ、しいていえば、金正日外伝か。だが、日々、書き進めながら、いろいろ発見もあった。なによりも勉強させていただいた。ありがとう、深田さん。筆者を放っておいての夏休み、済州島旅行のお土産をいただいて笑った。耽羅《タルラ》の伝統銘酒「漢拏《ハルラ》山《サン》」だった。革命の聖地・白頭山で爆発しそうな頭をこの酒で中和しろ、とのユーモアである。やるねー。もとより、思い込みがすぎる、とのご批判は承知のうえ、私としては、金正日を材料にした『歴史民俗朝鮮漫談』のつもりであった。意気込みだけは。

いつも頼りになるのは「上八の家門」である。かつて大阪の上本町八丁目に大阪外大はあった。その小さなキャンパスで、朝鮮語学科はそのまた極少クラスだったが、それゆえ朝鮮を見る眼力は鍛えられた。同窓生のネットワークに助けてもらった。感謝したい。大学の大先輩である司馬遼太郎さんは入学案内パンフレットにこんなふうに書いておられた。

〈人間にとって、人間ほど刺激的なものはない。人間は、民族によってさまざまな文化を衣類とし、あるいは思考法とし、また生きるよすがとし、さらにはそれをamusementsとしている。それらのむれと、現実に、もしくは観念の上でつきあう方法と思想と実際を教える大学は、日本でここしかない。その知的昂奮が生涯つづくことを、私は六十余年をかけてみずから証《あか》したつもりでいる〉

そうだ、と思う。その母校がまもなく大阪大学と統合され、消える、と聞いた。さみしい限りである。グローバルだかなんだかしらないが、学問なぞ、反グローバルの精神からしか生まれないではないか。朝鮮研究もしかり。平壌ウオッチもしかり。ヘソ曲がりのやってきたことが、ようやく、ようやく認められる時代になったまでである。ヘソ曲がり以外、なにほどのものができるだろうか。

なお、この本で述べている見解はあくまで私個人のものであって、新聞社の見解ではない。お断りしておく。

資料収集では、レインボー通商の宮川淳さん、財団法人霞山会文化事業部・堀田幸裕さんに協力いただいた。あと大阪の二つの古本屋さん。お礼申しあげる。

最後にお世話になった文春新書編集長の細井秀雄さん、今夜も赤ちょうちんで、待ってます。

鈴木琢磨

二〇〇六年秋　紀尾井町招待所で

鈴木琢磨（すずき　たくま）

1959年、滋賀県大津市生まれ。いまや絶滅した「探訪記者」の生き残り。『サンデー毎日』記者時代から、北朝鮮問題にこだわる。日本中の穴場の焼き肉屋をめぐり、1970～80年代の韓国歌謡にひたるのが至福のとき。現在、毎日新聞夕刊編集部編集委員、TBSテレビ「みのもんたの朝ズバッ！」コメンテーター。著書に『金正日と高英姫』がある。

文春新書

535

テポドンを抱《だ》いた金正日《きむじよんいる》

2006年(平成18年)10月20日　第1刷発行

著　者　鈴木琢磨
発行者　細井秀雄
発行所　株式会社 文藝春秋

〒102-8008　東京都千代田区紀尾井町3-23
電話 (03) 3265-1211 (代表)

印刷所　理想社
付物印刷　大日本印刷
製本所　大口製本

定価はカバーに表示してあります。
万一、落丁・乱丁の場合は小社製作部宛お送り下さい。
送料小社負担でお取替え致します。

ISBN4-16-660535-6

◆アジアの国と歴史

「三国志」の迷宮　山口久和
権力とは何か 中国七大兵書を読む　安能　務
中国人の歴史観　劉　傑
アメリカ人の中国観　井尻秀憲
取るに足らぬ中国噺　白石和良
中国名言紀行　堀内正範
中国の隠者　井波律子
蔣介石　保阪正康
中国の軍事力　平松茂雄
「南京事件」の探究　北村　稔
中国はなぜ「反日」になったか　清水美和
中国共産党 葬られた歴史　譚　璐美
中華料理四千年　譚　璐美
道教の房中術　土屋英明
中国艶本大全　土屋英明
上海狂想曲(仮)　高崎隆治

＊

韓国人の歴史観　黒田勝弘
〝日本離れ〟できない韓国　黒田勝弘
日本外交官、韓国奮闘記　道上尚史
韓国併合への道　呉　善花
竹島は日韓どちらのものか　下條正男
在日韓国人の終焉　鄭　大均
在日・強制連行の神話　鄭　大均
韓国・北朝鮮の嘘を見破る 近現代史の争点30　鄭　大均 古田博司 編著
歴史の嘘を見破る 日中近現代史の争点35　中嶋嶺雄編著
物語 韓国人　田中　明
「冬ソナ」にハマった私たち　林　香里
拉致と核と餓死の国 北朝鮮　萩原　遼
アメリカ・北朝鮮抗争史　島田洋一
東アジア「反日」トライアングル　古田博司
還ってきた台湾人日本兵　河崎眞澄
インドネシア繚乱　加納啓良

◆経済と企業

マネー敗戦　吉川元忠
情報エコノミー　吉川元忠
黒字亡国 対米黒字が日本経済を殺す　三國陽夫
ヘッジファンド　浜田和幸
金融再編　加野　忠
金融行政の敗因　西村吉正
金融工学、こんなに面白い　野口悠紀雄
投資信託を買う前に　伊藤雄一郎
年金術　伊藤雄一郎
知的財産会計　岸　宣仁・二村隆章
サムライカード、世界へ　湯谷昇羊
日本国債は危なくない　久保田博幸
「証券化」がよく分かる　井出保夫
デフレに克つ給料・人事　蒔田照幸
人生と投資のパズル　角田康夫
企業危機管理 実戦論　田中辰巳

企業再生とM&Aのすべて　藤原総一郎
執行役員　吉田春樹
自動車 合従連衡の世界　佐藤正明
企業合併　箭内　昇
日本企業モラルハザード史　有森　隆
本田宗一郎と「昭和の男」たち　片山　修
「強い会社」を作る ホンダ連邦共和国の秘密　赤井邦彦
西洋の着想 東洋の着想　今北純一
日米中三国史　星野芳郎
インド IT革命の驚異　榊原英資
ハリウッド・ビジネス　ミドリ・モール
中国経済 真の実力　森谷正規
「俺様国家」中国の大経済　山本一郎
中国ビジネスと情報のわな　渡辺浩平

＊

21世紀維新　大前研一
ネットバブル　有森　隆
インターネット取引は安全か　五味俊夫

IT革命の虚妄　森谷正規
石油神話　藤　和彦
文化の経済学　荒井一博
都市の魅力学　原田　泰
エコノミストは信用できるか　東谷　暁
プロパテント・ウォーズ　上山明博
成果主義を超える　江波戸哲夫
悪徳商法　大山真人
コンサルタントの時代　鴨志田　晃
高度経済成長は復活できる　増田悦佐
デフレはなぜ怖いのか　原田　泰

(2006.8) C

文春新書

◆政治の世界

政官攻防史	金子仁洋
連立政権	草野 厚
癒しの楽器 パイプオルガンと政治	草野 厚
代議士のつくられ方	朴 喆熙
農林族	中村靖彦
牛肉と政治 不安の構図	中村靖彦
Eポリティックス	横江公美
日本のインテリジェンス機関	大森義夫
首相官邸	江田憲司 龍崎 孝
永田町「悪魔の辞典」	伊藤惇夫
知事が日本を変える	浅野史郎 北川正恭 橋本大二郎
総理大臣とメディア	石澤靖治
田中角栄失脚	塩田 潮
政治家の生き方	古川隆久
昭和の代議士	楠 精一郎

＊

日本国憲法を考える	西 修
日本の司法文化	佐々木知子
司法改革	浜辺陽一郎
憲法の常識 常識の憲法	百地 章
アメリカ政治の現場から	渡辺将人
駐日アメリカ大使	池井 優
非米同盟	田中 宇
第五の権力 アメリカのシンクタンク	横江公美
アメリカに「NO」と言える国	竹下節子
CIA 失敗の研究	落合浩太郎
道路公団解体プラン	加藤秀樹と構想日本
密約外交	中馬清福
常識「日本の安全保障」	『日本の論点』編集部編
拒否できない日本	関岡英之

◆世界の国と歴史

民族の世界地図　21世紀研究会編
地名の世界地図　21世紀研究会編
人名の世界地図　21世紀研究会編
常識の世界地図　21世紀研究会編
イスラームの世界地図　21世紀研究会編
色彩の世界地図　21世紀研究会編
食の世界地図　21世紀研究会編
ローマ人への20の質問　塩野七生
ローマ教皇とナチス　大澤武男
物語 古代エジプト人　松本 弥
物語 オランダ人　倉部 誠
物語 イギリス人　小林章夫
決断するイギリス　黒岩 徹
ドリトル先生の英国　南條竹則
英国大蔵省から見た日本　木原誠二
森と庭園の英国史　遠山茂樹

フランス7つの謎　小田中直樹
ナポレオン・ミステリー　倉田保雄
NATO　佐瀬昌盛
変わる日ロ関係　安全保障問題研究会編
揺れるユダヤ人国家　立山良司
パレスチナ　芝生瑞和
イスラーム世界の女性たち　白須英子
サウジアラビア現代史　岡倉徹志
不思議の国サウジアラビア　竹下節子
ハワイ王朝最後の女王　猿谷 要

＊

戦争学　松村 劭
新・戦争学　松村 劭
名将たちの戦争学　松村 劭
ゲリラの戦争学　松村 劭
戦争の常識　鍛冶俊樹
職業としての外交官　矢田部厚彦
二十世紀をどう見るか　野田宣雄

首脳外交　嶌 信彦
目撃 アメリカ崩壊　青木冨貴子
テロリズムとは何か　佐渡龍己
ローズ奨学生　三輪裕範

＊

歴史とはなにか　岡田英弘
歴史の作法　山内昌之
大統領とメディア　石澤靖治
ユーロの野望　横山三四郎
旅と病の三千年史　濱田篤郎
旅行記でめぐる世界　前川健一
世界一周の誕生　園田英弘
セレブの現代史　海野 弘

(2006. 8) B

◆社会と暮らし

同級生交歓　文藝春秋編
どこまで続くヌカルミぞ　俵 孝太郎
現代広告の読み方　佐野山寛太
ウェルカム・人口減少社会　藤正 巖・古川俊之
流言とデマの社会学　廣井 脩
少年犯罪実名報道　高山文彦編著
週刊誌風雲録　高橋呉郎
天晴れ！筑紫哲也NEWS23　中宮 崇
発明立国ニッポンの肖像　上山明博
リサイクル幻想　武田邦彦
スーツの神話　中野香織
五感生活術　山下柚実
石鹸安全信仰の幻　大矢 勝
慰謝料法廷　大堀昭二
交通事故紛争　加茂隆康
臆病者のための株入門　橘 玲

マンションは大丈夫か　小菊豊久
定年前リフォーム　溝口千恵子・三宅玲子
「老いじたく」成年後見制度と遺言　中山二基子

＊

ペットと日本人　宇都宮直子
ヒトはなぜペットを食べないか　山内 昶
犬と話をつけるには　多和田 悟
動物病院119番　兵藤哲夫・柿川鮎子
竹紙を漉く　水上 勉
東京バスの旅　中島るみ子・畑中三応子
旅する前の「世界遺産」　佐滝剛弘
おススメ博物館　小泉成史
日本全国 見物できる古代遺跡100　文藝春秋編
囲碁心理の謎を解く　林 道義
雑草にも名前がある　草野双人
名前のおもしろ事典　野口 卓
煙草おもしろ意外史　日本嗜好品アカデミー編
山の社会学　菊地俊朗

北アルプス この百年　菊地俊朗
東京大地震は必ず起きる　片山恒雄
地震から生き延びることは愛　天野 彰
ビルはなぜ建っているか なぜ壊れるか　望月 重
はじめての部落問題　角岡伸彦
風水講義　三浦國雄
戦争を知らない人のための靖国問題　上坂冬子